大夏书系·阅读教育

# 教师阅读漫谈

魏智渊

/

著

华东师范大学出版社
ECNUP
全国百佳图书出版单位
·上海·

**图书在版编目（CIP）数据**

教师阅读漫谈 / 魏智渊著 . — 上海：华东师范大学出版社，2022

ISBN 978 - 7 - 5760 - 3267 - 3

Ⅰ . ①教… Ⅱ . ①魏… Ⅲ . ①阅读教学—教学研究 Ⅳ . ① H09

中国版本图书馆 CIP 数据核字（2022）第 174424 号

大夏书系·阅读教育

# 教师阅读漫谈

| | | |
|---|---|---|
| 著　者 | 魏智渊 | |
| 策划编辑 | 卢风保 | |
| 责任编辑 | 韩贝多 | |
| 责任校对 | 杨　坤 | |
| 装帧设计 | 奇文云海·设计顾问 | |

出版发行　华东师范大学出版社
社　　址　上海市中山北路 3663 号　邮编　200062
网　　址　www.ecnupress.com.cn
电　　话　021‑60821666　行政传真　021‑62572105
客服电话　021‑62865537
邮购电话　021‑62869887　地址　上海市中山北路 3663 号华东师范大学校内先锋路口
网　　店　http://hdsdcbs.tmall.com

印 刷 者　北京博海升彩色印刷有限公司
开　　本　890×1240　32 开
印　　张　7.25
字　　数　136 千字
版　　次　2023 年 1 月第一版
印　　次　2025 年 5 月第四次
印　　数　10 101–11 100
书　　号　ISBN 978 - 7 - 5760 - 3267 - 3
定　　价　52.00 元

出 版 人　王　焰

# 目录

第 一 辑

为什么要读经典？

# 为什么书不是读得越多越好？

## 一

❤ ❤ ❤

有些读书人总觉得书读得越多越好。甚至一般人，尽管不读书，也这样认为。在读书人看来，读书像吃饭。这就矛盾了，读书可以一直读，一直爽，吃饭就让人颇踌躇了，逻辑就编不下去了。

我们吃饭，首先是为了活着，其次才是享受。为了活着时，饭就是手段，身体才是目的。我以前喜欢吃菠菜，索性在离学校不远的地方种了一亩，菠菜疯长，我疯吃，结果吃出了轻微结石，小便都困难了。后来学乖了，知道营养要均衡，有些不喜欢的菜，也多多少少要吃一些。一旦从身体的角度考虑，吃什么，怎么吃，就有了讲究。

也有为享受而吃饭的，那是美食家。但美食家反而是吃饭不多的人，否则味蕾就会被破坏。倘若以食量决定美食家的水平，那我也差不多到了专业级别。读书人也是如此，虽然不会撑着，但是，坏书和好书，对读书人的"味蕾"，有着决定性的影响。猪食吃多了，怎么可能"但爱鲈鱼美"？钱钟书被人诟病，一个重要原因就是读低层次的书太多，什么都读。所有的成其大者，必然包含了深刻的拒绝。海纳百川，最终增长的是散文式的小机灵。更重要的是，把自己活成了时代的旁观者，而没有真正地躬身入局。

为读书而读书，就跟为吃饭而吃饭一样，都是有钱和有闲的结果。而一般人，为了生活而吃饭，讲究的是营养，为了工作而阅读，追求的是效率。效率从哪儿来？那一定是从解决问题而来，这时候扯什么厚积薄发？

## 二

◆ ◆ ◆

小结一下，读书有两种：一种是无目的的阅读，就是觉得快乐，读《知音》，读小说，没有什么目的，就是娱乐，就是喜欢；一种是有目的的阅读，想要自我发展，或者想要解决某个问题。

这两种阅读是不一样的。

无目的的阅读，就好像吃饭，喜欢什么，今天中午就做什么。

有目的的阅读，就好像吃药，哪里有问题，就针对性地吃药。药吃得对，病就好了，药吃得不对，病就好不了。

一旦涉及专业阅读，不能总觉得开卷有益。没有医生会说，你先吃些药，多吃些药，这样，接下来就不容易生病了。现在许多对阅读的强调，是属于有病乱吃药，就是说有问题，但药乱吃，觉得只要是药，吃了肯定管用。不管用？多吃几种，万一管用了呢？

这也有道理，万一吃对了呢？问题在于，在教育领域，无论是教师自读，还是学校共读，有一个共同的倾向，就是喜欢读教育散文，这甚至连药都算不上。

教育散文，本质上不是教育作品，而是散文作品，对这一点，一定要有清晰的认知。而国内的教育领域的作品，很多都可以归为教育散文，除了极少数的例外。教育散文通常不是用来解决教育问题的，只是教育领域的一种无效也无害的"安慰剂"。校长们总以为老师教育教学上的问题是缺乏动力，所以需要一个个温暖而励志的故事激励团队。实际上，真正的问题在于缺乏能力。从解决能力问题入手解决动力问题，是专业发展的诀窍。人都有自尊，谁不想把书教好？老师需要真正的支持，一旦得不到，自己又解决不了，就只好装作不爱教书的样子，以此来掩盖教学上的无能，掩盖得久了，就习惯了，也就真无能了。

# 三

♦ ♦ ♦

讨论"为什么书不是读得越多越好"，就跟在一个饥荒年代讨论"为什么吃饭要吃八成饱"一样。大家都饿得要死，你却着眼于减肥，语境实在有点尴尬。

为什么？

因为现在很多人都不怎么读书了。读书热，是上世纪八十年代的事。因此，"读书多"有什么不对，并不是今天的问题。而且，大家对"读书多"的理解，也差别很大。我读书并不算多，但是这些年面试教师，尤其是文科研究生，经常出现的尴尬是，我在他的研究领域里读的书，远远多于他。而我只是浅浅地涉及一些基础读物。这并不是自夸，而是一种深刻的悲哀，可能有相当一部分人，在自己的专业领域里，连基本的经典都没有读完过。——你怎么能把读教材称为读书呢？

冷静地说，读书热并不正常，这是对十年"文革"的一种反弹。满社会都是读书人，肯定是悲剧。读书人是少数，更多的人去办企业，做微商，做技工，做行政，这才正常。就像现在千车万马挤独木桥，有一些是用青春来陪跑的，这就很不值得了。因为本来这些时间，可以用来修炼出色的技艺，却为了成为一毕业就失业的普通大学生在陪跑。更多的人，并不是读书人，而是做事人，做事免不了读书，但做事的人和读书的人，毕竟又是两类人。吴用读书再多，也做不了宋江，只能打个下手，秀才造反，十年不成。因为需要的经验不同，宋江在衙门里、在江湖里长期浸润的经验，是读书很难获得的默会知识，这才是领导力的基础。

不要神化读书的作用，在婚姻市场上，博览群书的女博士拼不过专科的小姑娘是非常正常的，就像端庄稳重的书生未必比有点坏的帅哥更讨美女欢心一样，真正的读书是为了厘清逻辑，而不是盲目地意淫，过度地道德化乃至神化自身。

清理了这些，我们就可以好好地、平心静气地审视教师阅读了。

# 研究与审辨
# 成就专业阅读

在专业发展中，专业阅读是有效的工具。工具，意味着是以目的为前提的。

举个例子，经常会有人问我：我想专业发展，应该读什么书？这让我如何回答？就像你问我，我想外出旅行，是坐飞机好，还是坐高铁好？再一问，原来是去邻村的铁蛋家，骑个自行车就好。

## 一

♦ ♦ ♦

问题，是专业阅读的源起，也是专业阅

读的动力。没有问题的阅读，就像你希望攒一堆工具，然后到用的时候，后院里什么都有。然而——

你不可能穷尽所有的工具，因为你不知道会遭遇什么问题。你准备的大部分工具，永远都用不上；你遇到的大部分问题，你都没有准备好工具；能用的工具，你也用不上，因为你并不懂得如何使用它，甚至不知道如何找到它；后院里堆了太多东西，这本身也是一笔沉重的负担，书呆子就是这样炼成的，假如后院是你的大脑的话。

老师不愿意读专业的书籍，实际上是不用愧疚的。大脑比我们想象中聪明，它知道什么时候应该接受，什么时候应该拒绝。一旦没有了真实的需要，大脑就很生气："又想拿我当仓库？没门！"然后进入懒惰状态，拒绝来历不明的知识的进入。一旦你强行进入，大脑也没办法，但是就会变得更加消极："那你就放着吧，你是老大，你说了算。"人类的懒惰，一直被视为不好的事，实际不然，懒惰在本质上也是生存策略，目的是优化发展。越是聪明的人，往往也越"懒惰"。

凡是没有被你真正驯养过的玫瑰，都不是你的玫瑰；凡是没有被你真正使用过的知识，都不是你的知识。

更麻烦的是，许多时候，我们并不知道自己并没有要解决的问题。例如，我们可能会问："我要读哪些书，才能有助于教好语文呢？"这貌似是一个问题，实际上，并不是一个问题。因为真正的问题往往有一个显著的特征，就是你真正地花时间探索过，但是未能解决。当一个孩子问一道数学题目的时候，他多半是自己尝试了许多方案，仍然没有解决，才拿来问老师的。但老师在自己的学习中，却未必像孩子一样清楚。

结果往往是，我们并没有问题，我们只是想要一个简单的答案。而且，我们以为，一定存在着某条真理，或者某本书，我们读了以后，就像郭靖喝了蛇血或遇到九阴真经，立刻功力倍增，从此是一个不一样的人了。

你只要想想，那些优秀的人，孩子不一定优秀，父亲是诺贝尔奖获得者，孩子可能一无所成，父亲是个作家，孩子作文都不一定写得好。优秀、卓越乃至于伟大人物，并非有什么秘笈，否则，一定率先传给孩子。西天取经，少一难都是假真经。

## 二

❤ ❤ ❤

有了困惑，有了问题，怎么办？

这时候的反应，才是人与人之间真正的差异。

许多教师，在学校里并不是专业的教育工作者，但是回到家里却是专业的家庭主妇，可以花最少的钱，把家里打理得清清爽爽，或者说活出高级感。

整天在淘宝和拼多多上买大量不需要的东西的，都是消费界的郭芙，什么都想要，要么缘于口唇期的残余，要么是压力下的报复性消费，总之，都属于无法确定合宜的购物清单或者说家政内容的剁手族。专业的家庭主妇，都是极其精明理性的消费者。她们总能极其准确地，以尽可能低的价格，买到最需要的东西。

她们的策略是什么？

研究与审辨。

货比三家，是研究；寻找最合适的购物季节，是研究；熟悉商家的营销策略，是研究；钻研平台的各种法则，是研究；琢磨其他买家的反馈，也是研究。研究的过程中，又充满了审辨。怎么利用商家的套路，又不被套路？哪一款锅质量又好，价格合宜，又不必为过多不常用的功能买单？买家的评论中，隐含了哪些信息？总之，建立在研究与审辨基础上的决策，日复一日地提升着家庭主妇的专业性和成就感，其中有一些人，简直可以称为生活家了。精通教育的教育家是极少的，几近于无，但是，精通生活的生活家，却数量不菲。

像我这样笨拙的人，甚至也开始向家庭主妇学习。以前买书，需要了就买，哪怕碰巧想到了一本，也不考虑运费的问题，更不会考虑利用活动，利用购物节。现在呢？哪怕买一本，我都要先在当当搜索一下，看一下说明和价值。然后直奔淘宝，找最便宜并且包邮的，再看是复印本还是原版。不骗你，有时候在当当买一本书，在淘宝可以买两三本一样的，还免运费。

# 三

♥ ♥ ♥

实际上，教师解决教育教学问题，和家庭主妇解决生活问题，所用的基本方法是一样的。从生活家到好老师，几乎是一点就破，只要把用于购物的思维方式，迁移过来就行了。

举个例子，原来你去上一节课，先熟悉一下教材，再看看教辅，然后主要精力用于怎么把这一节课上好。但是上来上去，发现自己其实并没有什么进步。如果改变一下思路呢？例如，你把庞大的互联网想象成一个知识淘宝，那么，你会怎么做？

你要意识到——

1. 关于这一课的知识研究，已经有无数的成果了，其中有一些成果，已经讲得很透彻了；

2. 关于这一课的教学，已经有若干名师或专家上过了，他们为这一课，做了非常多的研究；

3. 关于这一课的习题设计或过关训练，已经有无数人（包括培训机构）制作好了，你完全可以直接使用，或者在他们的基础上修改。

这个过程，就是研究与审辨的过程。

这是一个你把他人功力不断注入自己成长中的过程，本质上与淘宝购物无甚差别。一开始，面对着琳琅满目的商场，你不知道从何入手，慢慢地，你就知道到哪里去找你需要的东西了。到了最后，你不用在互联网上漫天撒网，你知道最快的路径，可以直奔那些店铺，这就是专业化。

问题在于，我们往往省掉了这个过程，一生都用我们自己的大脑在思考问题，而没有与外部世界不断地交换能量。这当然也有成长，但是太缓慢了。你耗尽心力所做的东西，可能根本就不能用。而人家花了一辈子研究的东西，你懒于动动手指去寻找，学习怎能不低效？

一旦你醒悟过来，开始运用研究与审辨的逻辑来解决问题，这时候，阅读就正常了，阅读量就大大增加了，阅读速度也提升了。因为你没有必要读完每一本书，你所有的阅读，都是围绕着问题解决进行的，阅读的效率，自然而然就提升了。

这种研究与审辨的意识，就是专业意识。有这种专业意识，你就是在专业地阅读，专业地工作。

# 为什么要读经典？

　　庄子的《逍遥游》中，那只有名的大鸟，比泰坦尼克号还要大，从北海飞到了南海，却受到了斥鷃的嘲笑。斥鷃是很不明白的，因为它飞翔的空间，不过是在蓬草、蒿草之间，这对它来说，是飞翔的极致。

　　这个故事很常见，比如坐井观天。用今天的话来说，就是人与人之间，是有认知差异的。现代社会的分层，与其说是靠财富分层的，不如说是靠认知分层的。有什么样的认知水平，过什么样的生活，拥有什么样的财富。

换句话说，观念水平是非常重要的。

一

◆　◆　◆

做校长时，发现孩子与孩子之间的争执，家长经常容易卷入其中甚至不惜结怨。有时候家长还没有弄清楚恩怨呢，孩子已经和好了。大多数事都是小事，还到不了家长介入的那个层面。所以，我跟家长经常讲两点：一是孩子的事，让孩子解决，你可以做军师，在背后给他出谋划策，但解决是他的事，他解决不了，你再出面。二是要提升对事情的反应级别，不要动不动怕孩子吃亏，尤其是男孩子，吃点亏，不是坏事，一个男孩子，为人处世不大气，不慷慨，没有牺牲精神，将来是培养不出男子汉气质的，也难以成为领导者。

慷慨是领导者的核心素养之一，小时候帮助别人，乐于和伙伴分享的孩子，将来更容易成为领导者。但是，一个观念层面上觉得事事不能吃亏的家长，是很难理解这一点的，反而一副世事洞明的样子：校长，你不要忽悠我，我才不上当呢。

有些家长迅速就明白了，不过，是那种"小不忍则乱大谋"的明白。"嗯嗯，只有小时候敢撒小钱，才能收买人心，长大以后，才有可能赚大钱，校长，这个我懂。"这格局已经变大了，但是，味道怎么就不对呢？

要在认知上，摆脱功利主义的幸福观，至少不把它作为唯一的幸福观，是很难的。因为许多人在观念上执着地认为，幸福当然来自于我被满足，我被满足又被窄化为物质和声誉上的满足，无法理解服务他人也能带来幸福感，因为并不拥有相应的内在观念。

教师也是这样，观念水平决定了你职业发展的顶点。研究与审辨固然可以高效地帮你解决问题，但是观念水平则决定了你解决问题的性质和层次。观念就像山丘，它不够高的话，你无论怎么探索，看到的景物的范围都是有限的。

这就是经典阅读的意义。

一切经典，都有一个共同的特点，即包含了精彩而高位的观念。这些观念，往往由一个或几个概念构成，这些概念，一旦掌握，就像倚天剑和屠龙刀一样，会成为纵横江湖的有力的武器。

比如，《教育的目的》中的"浪漫—精确—综合"，《爱的艺术》中的"父母之爱"，《静悄悄的革命——课堂改变，学校就会改变》中的"被动的能动性"，《儿童的人格教育》中的"自卑与超越"，皮亚杰儿童心理学中的"同化—顺应—平衡"以及阶段理论，《思维与语言》中的"最近发展区"，《给教师的建议》中的"自动化阅读"，《动机与人格》中的"需要层次论"……这些概念武器，将任何一个深入理解和熟练运用，都会带来专业发展大幅度地飞跃。

以经典中最为浅近的苏霍姆林斯基的《给教师的建议》等书为例，就深刻地影响了几代中国名师，例如钱梦龙、魏书生、李镇西……当我们只模仿名师，而不研究名师背后的观念时，从学习的角度，已经落了下乘。

## 二

♦ ♦ ♦

在武侠小说中，要靠努力成为大侠，概率基本为零。

要成为大侠，通常有两条途径。一是进对门，选对人。比如，你出身少林，师父又选对了，那么，成为大侠的概率就非常高。为什么？因为出色的团队，都有共同的知识基础，你进去了，就像小龙女拥有了寒冰床，观念水平水涨船高，团队水平线已经决定了你的见识。如果你不是出身少林武当，那么，就只能靠奇遇，或者给人当女婿了。

所有的奇遇，都离不开一本武林秘笈。《葵花宝典》《九阴真经》《北冥神功》《九阳神功》《六脉神剑》《易筋经》《独孤九剑》《小无相功》《太玄经》《神照经》《五年高考三年模拟》……哦，手滑了。

你不能说郭靖不用心、不努力，可是，如果没有奇遇，没有降龙十八掌和九阴真经的修炼，上华山论什么剑？做挑山工倒挺合适的，踏实又缺心眼。好吧，郭靖笨，令狐冲不笨吧？在岳不群门下也练到了大弟子水平，刻苦绝对是标配，但是，如果不是练习独孤九剑，在江湖上有什么地位？连个采花贼都搞不定，有什么存在感？至多在江湖网的热搜上演个配角——《惨惨惨！华山名媛弃冲哥投怀林平之，为爱出奔还是觊觎葵花宝典？》。

这些经典，往往让一直在苦练中迷茫，甚至陷入低品质勤奋的青年才俊，窥见了武学的另一层境界，在极短的时间内，水平像疫情前的房价一样蹭蹭蹭地往上涨。《雪山飞狐》里有个医生，就是那个宝树和尚，就靠着从刀谱中撕了两页逆袭成了武林高手。在《飞狐外传》中，他打败了飞马镖局成名已久的老镖头百胜神拳马行空。

当然，如果你在一个好团队里，又总接触经典，那就有点意思了。《天龙八部》里有一个这样的人，叫扫地僧。

你可能会说，这毕竟是武侠小说，尽管吹上天。问题在于，从发展的角度来讲，还真是这么回事。发展并不像我们想象的那样，是一个由浅入深、由易到难、循序渐进的线性增长过程，而更像皮亚杰所说的，是从一个阶段向另一个阶段的飞跃。哪怕从生理成熟的角度来讲，也是这样子的。小孩子并不是小大人，他们拥有差别很大的心智结构。这意味着，成长也是这样的，是一个不断地从量变到质变的过程，而决定这一过程的深度和品质的，往往是观念水平。

用柳青的话来说，人生的道路是漫长的，但关键处却只有几步。

## 三

###### ◆ ◆ ◆

我们在讲到专业发展、专业阅读时，往往指的是专业的观念系统。正是这些观念，将碎片化的现实，组建成摇曳多姿的大树。

可是，现在的教育，严重地缺乏合适的观念系统，仍然是应试教育与机械管理的延续。例如，语文老师往往并不具备关于读写能力的深层观念，具备的往往是一些未经审察的意见。数学老师真的能把数的概念说清楚吗？概念水平，或者说观念水平的低下，已经严重地制约了教师的专业发展。

我们并不清楚儿童的语言到底是如何发展的，但是我们在教儿童学习语言。我们清楚且熟练的，只是测评系统。我们也并不清楚儿童心理是如何运行的，但我们在做儿童的老师。我一直强调教育这个行业不专业，实际表达的就是这个意思。

专业意味着什么？

意味着一套专业的观念体系，能够有效地帮助我们理解和解决专业领域里的基本问题。而真正的生动的、深邃的、灵活的观念，就蕴含在经典中。

　　问题是，大家现在都不读经典了。诱惑太多，刺激太多，各种速成的方子充斥着网络，谁还能够耐下心读书呢？不要说经典了，连文字也懒得读了，这不，视频时代不就来临了吗？

　　人与人之间的差距究竟在哪里？

　　实际上，我们所谓的差距，从本质上讲，就是观念的差距；从做事上讲，就是能力层次；从做人上讲，就是人格境界。观念就是你的金箍棒，你不用时，它在你的大脑里，要用时，它是你的趁手武器。只是，须问一问，你的金箍棒，究竟几斤几两？

　　最怕的，是舞动起来令人眼花缭乱，却不过是个公开课垒起来的银样镴枪头。

## 想要见小姐，先从丫环入手

### 一

❖ ❖ ❖

经典是无法悦读的，只能苦读。就像爬山不是散步，婚姻不是恋爱，革命不是请客吃饭。

经典往往远远高过我们，所以，经典要常读，常读常新，就像一座永远挖不完的矿。万一有一天挖完了，那意味着什么？意味着你的观念结构，已经到了一个非常厉害的层次。这个不发声的老师已经教不了你了，你必须寻找更好的老师。

关于怎么读经典，再没有比朱熹讲得更好的了：

• 学者初看文字，只见得个浑沦物事，久久看作三两片，以至于十数片，方是长进。如庖丁解牛，目视无全牛，是也。

• 看文字，须要入在里面，猛滚一番。要透彻，方能得脱离。若只略略地看过，恐终久不能得脱离，此心又自不能放下也。

• 须是一棒一条痕！一掴一掌血！看人文字，要当如此，岂可忽略！

看文字，须是如猛将用兵，直是鏖战一阵；如酷吏治狱，直是推勘到底，决是不恕他，方得。

• 读书无疑者，须教有疑；有疑者，却要无疑，到这里方是长进。

• 凡看文字，诸家说有异同处，最可观。谓如甲说如此，且挦扯住甲，穷尽其词；乙说如此，且挦住乙，穷尽其词。两家之说既尽，又参考而穷究之，必有一真是者出矣。

朱熹的弟子总结出了朱子读书法，六条：循序渐进；熟读精思；虚心涵咏；切己体察；着紧用力；居敬持志。

读经典，就是一个受虐的过程，一直读经典，就像王小波说生活，是一个"缓慢受锤"的过程。在经典面前，你哪有什么自尊心？经典就是自尊心粉碎机，经典中获得的快感，也是受虐的快感。

在里尔克的《给青年诗人的十封信》中，青年诗人在谈到里尔克时，说过一句话："一个伟大的人、旷百世而一遇的人说话的地方，小人物必须沉默。"我们遇到里尔克这样的大人物，概率接近于零，但经典却是唾手可得的。虽然这种对经典的态度，让许多崇尚民主自由的人很不舒服（有些人连"驯养"这样的词语都无法接受），但在我看来，却是面对经典的主要方法。

## 二
▼ ▼ ▼

不过，这样读经典，更接近一种古典的态度，现在的人，你让他以这样的态度面对经典，他一定会跳将起来：咄，你算是什么东西?!

过去学习，讲究程门立雪，对老师恭敬得很。现在学习，是反过来的，一群老师在互联网上和 App 上一字排开，你光有学识还不行，你还要有表演天赋，还要有颜值。有时候有了颜值，别的都不用了。读书？一个字一个字地读？像"罗辑思维"那样几分钟讲完一本书都不行了，要几十秒，迅速地把知识讲清楚。

我不敢说时代在退步。而且，我相信，时代永远在进步。你觉得退步，是你在拖时代的后腿，是你在逆历史潮流。而且，我确实感觉到了时代的进步，毕竟，读书的人越来越多，以各种方式读：在 App 中读、喜马拉雅中听、微信中刷、短视频中看……

这就在不知不觉中形成了阅读的金字塔。任何时代，啃经典的人都是有的，哲学王的梦想，每个时代都不会破灭。从啃经典到刷短视频，这中间有漫长的谱系。美国这样高度发达富裕的社会，许多底层青年人连加减法都弄不清楚，这并不妨碍名校璀璨，哈佛的学生照样在啃读柏拉图和亚里士多德。

好在这个时代我们拥有最重要的东西：选择。

你可以在这个谱系中，选择成为任何一个角色，任何一种类型的阅读者，从苦行僧式的阅读，到研读，到泛读，到听读，到看视频，到刷短视频。

## 三

这样讲读书，稍嫌严峻，有些"生存，还是毁灭，这是一个问题"的考验气氛。实际上，喜欢上进的人，每个时代都是大把的。毕竟，求知欲也是欲，和饮食男女的诸欲并无本质的区别。有时候不是不喜欢读，而是确实读不懂，拿起书来就打瞌睡，放下书才精神。

经典要求太高了，的确不妨退而求其次，有时候反而曲径通幽。

例如，我们反过来想，读经典的目的是什么？不就是构筑认知地图吗？那么，我与其陷在经典中年复一年、日复一日地画图，不如直接面对地图。

对，别人画好的地图。

这就是接触经典的另一种方法。虽然有些取巧，却非常有用。

例如，我读不懂海德格尔，可是，我可以读其他名家关于海德格尔的解读呀；我读不懂名家解读，我可以读名家综述呀……以此类推。从有品质的解读、解释及综述性的回顾入手，的确是一条不错的线路。

举个例子，我要读懂存在主义，发现一个个都是峭峰。从克尔凯郭尔、叔本华、尼采、萨特，一直读到海德格尔吗？我可能读一本《非理性的人》就够了。《非理性的人》读透彻了，相当于把地图读明白了，有闲了，我再去哲学家家里挨个串门。如果我连《非理性的人》也读不懂呢？这也已经是经典了呀，那么，我还可以读更浅显的作品，甚至去"罗辑思维"里听人文课，像刘擎的《西方现代思想讲义》，一会儿工夫就把一个伟大的哲学家讲完了，也挺受益。还嫌麻烦？那就去翻公众号，读那种写得特别好的文章，诸如《终极提问：人生的意义究竟何在？》之类，也能够增长你的见识。或者在知乎里，看看大神们关于这些主题的讨论，也会有一些启发。

这不是调侃。

这都什么时代了，拿着手板，要求别人端端正正地坐着读经典，并不是一个好选择。我们有各种方法接触经典中的思想。就像经典从南面看上去太陡峭，得有攀岩的功夫，我们可以从北面的缓坡上呀！虽然花的时间长一点，但毕竟越走越高嘛，谁说就一定要"会当凌绝顶，一览众山小"呢？比大多数人高那么一点点，不也够用了吗？

想要见小姐，先从丫环入手。

看官，您说是这个理儿不？

# 衣不如新，书不如旧

喜新厌旧，是人的本性。当初叫人家"小甜甜"，最后一口一个"牛夫人"，才是生活的常态。

但在读书上，这确实不是一个好的态度。甜够了甚至甜腻了，最终还是芭蕉扇管用，可以横行江湖。而芭蕉扇，并不是可以随意兜售的地摊货，什么款式流行就仿制什么款式，大小凭客官爱好，这就像江湖上的倚天剑和屠龙刀，不是一般铁匠能够打造出来的。

一

❦ ❦ ❦

显然，我的意思是，对新书，要始终有一种警惕态度，因为很容易交智商税。新书不一定不好，新书有新书的优势，比如更贴近时代，更知道读者需要什么。并且，新书毕竟是站在旧书的肩膀上，新书作者也是读过旧书的，换句话说，是站在旧书肩膀上的。但是问题是，站在巨人肩膀上的物事，不一定有什么了不起的，例如牛顿头上的跳蚤，爱因斯坦胡子上的饭渣，总不至于就成了精。

书的江湖和金庸笔下的江湖一样，每隔一段时间，就像出了水痘一样，英雄辈出。东邪西毒南帝北丐，打打杀杀间，江湖就有了。他们占据了高地后，新来的年轻人，就只能望着偶像感叹了，自身的机遇，就大大地减少了。因为他们说出了你本来准备说出的东西，修炼成了你本来可能会创造的武功，你只能生活在他们的影子下，活在他们的语言中，这叫"影响的焦虑"。直到他们的影响力渐渐消退，石头的塑像渐渐在岁月中化成了土，但架子还在。这时候，又会有新的有勇气的年轻人拎着剑上门，偶像轰然倒塌。而且，往往不是一个年轻人，是一群年轻人。这样的时代，就叫转型时代，在学术上，叫范式转型。转型时代的许多新书，将会成为后世的经典。可惜的是，转型时代可遇而不可求，遇到了，你也很难分辨，哪一段关系在岁月中会经受住考验，是仪琳、任盈盈，还是小师妹？

所以，经过考验的旧书，是靠谱的，是阅读的重点。

对那些关键旧书的熟悉程度，以及能否从中找出芭蕉扇来，才是重要的。十五年前，课程与教学论新书迭出，让人眼花缭乱。当时钟爱的，是解释学，是后现代课程观。多尔的那部《后现代课程观》，看了又看。但十五年过去了，真正在课程理论上对我影响最深的，却是后现代课程观一直批判的现代课程观，是泰勒的《课程与教学的基本原理》。泰勒的四个问题，就是我经常用的一把芭蕉扇，几乎化为我的本能反应，成了我思考课程问题最重要的框架之一。泰勒原理，至今仍然是思考课程问题最基础的原理之一。可惜的是，听过的人多，不假思索进行批评的更多，但是把它变成自己趁手工具的人，并不多。

## 二
❤　❤　❤

当我讲到旧书的时候，我实际上讲的是什么？

是任何一个领域最基础的认知体系，或者说概念结构。它往往由一组旧书构成，共同支撑起底层结构，让某个领域得以屹立不倒。就像东邪西毒南帝北丐，放在一起，就齐活了，你非得再挤一个人，这麻将，咋打？

旧书之间的争端，往往是有益的相互补充，例如维果茨基对阵皮亚杰。

有了一堆趁手的真工具，行走江湖胆就肥了。经典中淬取出的工具，往往会成为你的认知框架，甚至化为你的语言。更准确地说，是化为你的语法，让你的任何表达，都拥有更有效的秩序，从而产生认清和改变现实的力量。

没有清晰的框架，人会迷失在细节里，并且丧失判断力。举个例子，有老师问我，怎么精妙地导入新课？我就非常奇怪，为什么要有"导入新课"这么一个环节？啊呀呀，那大家不都是要"导入新课"吗？不是还纳入了课堂的评价标准吗？在没有经过专业训练的人的眼里，课堂是由许多个部分构成的，所谓的几个环节、几个步骤。但是，如果你经历了专业训练，课堂就不是一个由许多环节构成的集合体，而是一个有节奏有框架有骨骼有进程的生命体，那么，"导入新课"算是什么？假如我们今天在教授一个概念，那么，课堂就是一个精彩观念诞生的过程，或者说是一个完整的认知过程。认知的起点是什么？肯定是问题，是冲突，是原有经验的破裂处，而不可能是"导入新课"。对于认知过程来说，"导入新课"不在它的语言系统内。如果在问题或冲突之前，一定还有什么的话，那也不是"导入新课"，而是问题背景或情境。

有了清晰的框架，一节概念建构课，就有了清晰明确的指向，这个指向，就为备课，为研究与审辨，提供了方向和标准。久之，效率就高了，就避免了无目的的摸索，以及陷溺于形形色色的伪概念。

三

▼　▼　▼

这并不是否定新书的意义，毕竟，今天所有有价值的旧书，也都曾经是新书，牛夫人也曾经是小甜甜。而是说，新书往往没有经受时间的考验，被过高地估计。当然也有不少有价值的新书，又因为种种原因（例如领先于时代）被低估。

新书往往是时代的产物，容易一哄而上。新冠还没结束，许多研究和总结的书籍，已经抢先出版了。实际上，人类的许多经验教训，真的要站得稍微远一点才看得清楚。教育领域也一样，新课程改革以来，以新课程之名出版的书，千千万万。教材一旦转成统编本，各种教材解析和教辅，一夜之间如雨后春笋。教材还在试验区使用，但是配套产业已经先行一步了。什么是核心素养还没弄清楚，关于"语文要素"的培训和研究，已经铺天盖地了。

然而，如果你读过那些有价值的旧书，对于什么是知识、知识是如何形成的、知识又是如何被掌握的这些讨论了上千年的内容有一些基本的认识的话，理解核心素养，理解语文要素，基本上都是水到渠成。因为无论概念如何变换，只是新的背景下必要的重新命名。重新命名是有必要的，因为语境变了。村里人叫你铁蛋，如果你成长为货车司机得叫张师傅，转行做行政要叫张站长，人还是那个人，万变不离其宗。把握住了底层逻辑，无论时代如何变幻，我们都能够从容自如地"咸与维新"。

新书的意义是"用"。新书提供新的东西，也提供新的刺激，往往是对旧东西的翻新，添了时髦的装饰。但是，一个领域里真正的变化是漫长的，要学的知识也并不是特别的多。到了最后，半部《论语》治天下是有些夸张，但是，借着烂熟几本旧书所提供的常识，可以行走江湖，打碎一些偶像，开辟一些天地，还是有可能的。

所以，在这个乱花渐欲迷人眼的时代里，守着几本经过验证的经典，练就的往往是一副老辣的眼光。

# 腹有诗书气自华？

## 一

❦ ❦ ❦

教师阅读，在教师专业发展过程中，很多时候是最无效的环节，以及最无效的入口。但是，一讲教师发展，必提教师阅读，为什么？因为我们被一些陈旧的发展观念束缚，在一些无效的路上，以惯性的方式在行走。

例如，一提到为什么阅读，常常有人引用这句有名的话：腹有诗书气自华。

观念的力量非常强大，强大到足以遮蔽

事实。这句话的意思原本是说，读书多的人，整个的气质状态是儒雅的，不像我，看着就像一个长途货车司机。实际的情况是，读书多的人，外形上往往呆若木鸡。就像康德这样的，怎么可能"儒雅地"面对客体世界？你看到的那些儒雅的人，有太多是用鸡汤美容的，与真正的读书人相去甚远。

腹有诗书，气往往是酸的、滑的，梦想反而是"黄金屋"与"颜如玉"，通常不可能焕发什么光彩。

## 二
♦ ♦ ♦

顺着这种说法，还流行另外一种说法。

这种说法认为，读书多了，教书才好。要给学生一滴水，你得有一桶水，甚至成为一口井。因为"为有源头活水来"嘛。

这也属于听起来有道理，但并不符合实际情况的观念。你到许多学校去看看，现象光怪陆离，不要陷入幸存者偏差。更普遍的情形是，教书好的人，读书不见得就多。读书多的人，教书往往不好，尤其是成绩不行，而且还骄傲得不行，看不起这个看不起那个。我那个年代，许多读书多、考试成绩不行的人，都到机关写材料去了。我差点也去了。现在呢，可能都去教研室了。教研室有两类人，一类是教而优则教研室，一类是读而优则教研室。好在现在机关普遍比较务实，教而优的多一些。在高校和一线之间，无论是教而优，还是读而优，都不容易找到自己的定位。

相反，许多读书不多的人，往往是实干家，是学校的顶梁柱。拼命干活的，往往是这些人。为什么呢？没有资本酸，只能拿成绩说话，不能像我这样油滑地写文章，只好老老实实地做事。

然后再想想，教书到底是跟人相关，还是跟书相关？究竟取决于性格，还是阅读量？

不仅如此，你还会发现，许多读书多的人，教不会孩子阅读，许多写作水平高的人，教不会孩子写作。他们往往嘲笑学生水平太差，在同事和学生面前，有一种知识人的优越感，而不是解决问题的成就感。

# 三

❖　❖　❖

"腹有诗书气自华"究竟错在哪儿了？

根本没错。

"腹有诗书气自华"这句话，本身就是特定时代特定阶级的产物。林黛玉可以"腹有诗书气自华"，甚至连香菱这样一个丫环，也可以学作诗，前提是什么？是他们无须劳动，无须创造价值。许多文学艺术的兴趣，例如京剧，就跟有钱和有闲有关。所以，八旗子弟是最懂京剧的，无论是老八旗，还是新八旗。

这种阅读，指向的就是无用。因无用而有大用，而提升生命本身的审美价值。

这就是人文主义，或者说博雅主义。

今天，人文主义，或者博雅主义还有市场吗？在高校里还很有市场，包括师范院校里。教授们衣食无忧的时候，很容易讨论形而上学，玩凌波微步。但是，田里的农民，要读《农药的基本使用技术》，未成名的演员，要读《论演员的自我修养》，忙碌的家庭主妇，在翻《家常菜谱》，熬夜的学生，在啃《五年高考三年模拟》，你说这算不算阅读？

博雅教育今天仍然是需要的，整个社会越富足，越朝向文明，越远离匮乏时代，博雅教育的意义越是重大。

但我们在讲教师阅读的时候，我们隐含的意思是专业阅读。我们进入其他行业，例如商业、医疗、法律等专业性很强的领域，你去讨论阅读，大概没有人会搬出"腹有诗书气自华"，并以此作为专业阅读的宣传语吧？这顶多是人生修养的一个背景。

因此，当教育人还在讲"腹有诗书气自华"的时候，我们要清醒地认识到，我们离真正地懂专业阅读，还有一段很长的路要走。

第二辑

读了那么多书，为什么仍然在原地踏步？

## 在碎片化阅读的时代里，做一个完整的人

　　"碎片化阅读"近乎一个贬义词，"利用碎片时间阅读"，却绝对是褒义。在祈祷时抽烟，应该下地狱，在抽烟时祈祷，就应该上天堂。网上的许多讨论当不得真，就在于讨论者往往更重视自己的感受，而不是实际的因果关系。

　　碎片化阅读，是集中针对微信阅读的。

### 一
◆　◆　◆

　　我想表达的第一个意见是，在微信之

前，全民阅读是不可能的。微信开启了碎片化阅读的时代，同时也开启了全民阅读的可能时代，虽然迅速出现了全民视频。

中国人均阅读量之低，是众所周知的。在这种情况下，读起来，就是进步，竟然每天在读，几乎可以称为革命了。现在忽然冒出一群人，痛心疾首地说：堕落啊堕落，这样读，怎么可能掌握系统知识？怎么能够形成深度思考？这种人的世界都是黑白色的，连灰色也不允许存在。

碎片化阅读，当然存在所谓的风险，例如加剧隔阂和强化偏见。比如有些老年人，偏好养生公众号，你好心劝他看看"丁香医生"，"不听不听我不听"，在他眼里，那就是西医专门针对中医的主阵地，是有阴谋的，背后一定有敌对势力的支持。就连人见人爱的张文宏就喝粥的问题说了几句话，也差点脱不了身了。判断坏的公众号的一个尺度，就是看后面的留言。适当的屏蔽是可以的，尤其是脏话，但是清一色的热泪盈眶，就要保持警惕了。尽管如此，思维简单粗暴的人，闭上眼睛不阅读，思维就纯粹了？怎么可能！网络只是让他找到了"组织"，没有网络，他一个人也可化身流动的广播站。

相比有微信阅读之前和有微信阅读之后，我个人的阅读，肯定是变得更好了。为什么？因为微信让阅读变方便了，而且，信息的处理方式也很适合利用零碎的时间。累了，翻开微信看看有没有好文章已经成了我的习惯。出门打个车，站在路上等个车，生活中无数碎片的时间，不用全部交给发呆。

而且，碎片化阅读也极大地拓展了我的领域。很自然地，阅读就不再限于教育领域，甚至不再限于文科领域。没错，我关注了"丁香医生"，我还关注了一些技术性的大号，例如有关 PPT 制作的，甚至，我喜爱的公众号中，还有地球物理研究所。

你以为我的世界破碎了？

错了，我看到了一个更为丰富和完整的世界。

## 二

◆　◆　◆

人总是本能地排斥自己不熟悉的事物，不只是碎片化阅读。例如，我排斥过茄子、鱼、螃蟹，甚至米饭，但是后来都渐渐地喜欢上了。对于碎片化阅读，我觉得许多人也会经历这么一个过程。

一旦熟悉了，成了习惯，就离不开了。不但离不开了，而且可能会忽然明白，本就应该如此。碎片化阅读也好，碎片化学习也罢，本来就是阅读或学习的题中之义，是非常自然的一件事。就像吃饭，一定是嚼碎再吃，你的胃是为消化作准备的，不是为审美作准备的，没必要保持食材的完整性。

因此，外部世界必然是以混沌的、碎片化的方式进入到你的心智的，是你内在的光芒照亮了外部世界，赋予它们以秩序。所以，重要的不是你读的东西是不是杂乱，或者你是不是一口气读完的，重要的是你的内在认知结构是否强大而生动。大千世界的材料，无非是为了喂养你的心智。你的心智拥有秩序感，能够选择输入哪些信息，并对信息进行有效的整理。相反，如果你的心智缺乏秩序感，那么，外部的材料再整齐，也没有什么作用。

一句话，碎片化阅读是利是弊，取决于阅读者，而不是信息本身。武学奇才黄裳也是博采百家的，最终修成一代绝学；武学奇才鸠摩智也是博采百家的，最终走火入魔。但罪过不在武功本身，运用之妙，存乎一心。

系统化的阅读与碎片化的阅读的区别在哪儿？

的确，系统化的阅读，相比于碎片化的阅读，更容易把阅读者带入深度学习。因为一本完整的、系统的书，尤其是好书，会就一个或几个问题／主题，把阅读者长久地带入其中，一旦把这个问题／主题弄明白了，概念就深刻地扎根于自身的认知结构中了。而碎片化阅读，没有这个优势（但一定会带来其他的优势）。好的阅读者，会把碎片的东西整合成一个系统；坏的阅读者，会把系统的作品打烂变成碎片。

这就像一个传统的大家庭，等级森严，长辈咳嗽一声，晚辈大气也不敢出。忽然有一天时代变了，打工的打工，私奔的私奔，小家多了，大家散了，不但形散，而且心散，队伍不好带了。但正是从这种碎片中，我们看到了新的生机，看到了新秩序的涌现，对个体更友好，时代也更文明。

就像我前面说的，我们首先低估了碎片化阅读，我说微信带来了大家没有意识到的阅读革命，是因为它让大部分一辈子都不怎么阅读的人，开始进行日常阅读，其中相当多的人，甚至每天阅读，这是了不起的进步，往大了说，是给全球化作贡献。

有了这个理解，才带来一系列新问题：在碎片化阅读的时代，深度学习何以可能？经验如何建构？它对传统的阅读构成了怎样的冲击？不只是专业阅读，人类的阅读，又会发生怎样深刻的变化？

此外，我这篇文章，是在高铁和汽车上分多次写成并用热点发送的，这也算碎片化写作吧？

# 碎片化阅读，如何效益最大化？

## 一

❦ ❦ ❦

《天龙八部》中有个慕容复，是个碎片化学习的高手，很炫的那种，叫"以彼之道，还施彼身"。慕容复行走网络，不，行走江湖，是很被高看一眼的。例如萧峰，别看降龙十八掌舞得排山倒海，但实在是很寂寞，跟丐帮的兄弟们是没有多少共同语言的。萧峰的眼里，总是放着其他人，例如慕容复，以至于初次见段誉，误以为是慕容复，有意结交。

可惜整个《天龙八部》就是一个慕容复人设逐渐坍塌的过程。

为什么？结交的人不对劲。

辜负表妹就不说了，不但放弃了结交段誉和虚竹的机会，还要去挑战萧峰。这三个人，萧峰代表着辽国，段誉是大理国的公子，虚竹领导着灵鹫宫，你到江湖上处处巴结人，却得罪这三位爷，这智商是不是喂狗了？萧峰哪怕落难，那也是英雄人物啊。最终，慕容复被像抓小鸡一样扔出去："萧某大好男儿，竟和你这种人齐名！"一世英名，毁于一旦。有意思的是，他结交的，大半是一些江湖上不入流的角色，一拥而上，一哄而散。

慕容复想要团结人，扩大力量，动机是好的。但是，你要成就怎样的事业，就要建立怎样的圈子。整天在江湖中行走，谈恋爱都没时间，收益与支出，完全不成正比。根本的原因，就在于把时间浪费在无价值的人事上。

到最后，观众也看明白了，什么"北乔峰，南慕容"，根本就不在一个层次上。慕容复的名气，有一多半是当爹的在后面帮忙打出来的。但是有啥用？人生三忌，祸有三源，德薄而位尊，智小而谋大，力小而任重，他占全了。

## 二

▼　▼　▼

这个稀泥扶不上光墙的例子，说明了什么？

碎片化阅读，也要讲究质量，就像行走江湖，人脉主要看质量。互联网很大，水很深，你一网撒下去，捞上来的，是金粒、砖块，还是屎疙瘩？

我们在网上所读的一切，都在暴露我们的层次。你想要提升自己的层次，就先要改变自己的环境，尤其是要珍惜自己的注意力。那些各领风骚三两天的热点，是注意力的最大敌人。当你不由自主地点击，甚至乐在其中时，你无形中就定义了自己的品质。

做个测试，在朋友圈，看到这些文章题目，你会点击进来看吗？

二维码的惊天秘密！据统计只有 2% 的人知道！

17 张看完不舒服，不看完更不舒服的图

采访了 3000 个大学生，我们总结了追女神的 7 条方法

我忍不住想把这部电影介绍给你，可又有点舍不得，它就是……

日本酒店在客房放了这样几本书，中国人愤怒了！

毕业 1 年，我如何从月薪 2000 到 50000 的深度干货

这些标题，我一般不会点进去看，除非是老干（注：指好友、教育专家干国祥）转发的。为什么？不同的标题，就是不同

的门面，在召唤不同的人群。那些喜欢男默女泪体的，基本上都是伸长了脖子的看客，要的是那几秒钟，最多持续时间不超过几分钟的快感，而不是自身真实的改变。当你在网上沉迷于这些，就基本上别再考虑专业发展了。

哪类标题，哪些人的文章让你兴奋？这是一个问题。

# 三
▼ ▼ ▼

高品质的公众号也不少，特别适合碎片化阅读。

然而，高品质的公众号，关注量一般并不会太多，更不太可能动辄"10w+"。但是，你不能小看高品质的公众号的实际影响力，因为他的听众的人群也不一般。这样，它在高端圈子里的影响力，往往是极大的。

这样的话，你可以通过碎片化阅读，逐渐完成知识的集成。

什么意思？就是说，可以通过阅读特定人、特定主题的文章，逐渐搭建起一个领域的框架。比如，我关注了几个专门讲认知的公众号，作者并不日更，好长时间才写一篇，出必精品，也有固定的粉丝群。这样，输入的知识就是主题化的、连续的。而连续的阅读，就能帮你在这一领域搭建起框架，至少知道要怎么去架构相关知识。关注一批公众号，可能广泛地涉及你关心的几个领域，持续地阅读，就是特别有效的学习。

有一些特别长的总结文，可以收藏，反复阅读，当成框架，再通过另外的阅读不断地修正。

更重要的是，这些人就是一个价值中心。通过他们，可以链接到相关领域更重要的人。这些人，他们一定频频提及，甚至偶有引用和转发。就好像你们认识了我，我的推荐，我朋友圈里转发的文章，就代表了我的品味。如果你们相信我的品位，就会重视我的转发推荐，会有更大的概率点开来阅读。

通过价值中心构成的链条，你可以关注到更多人的公众号，从而将碎片化的信息，无形中整合成一张地图。一段时间，相关领域的牛人，你差不多就都知道了，该关注的也都关注了。这时候，再开始做减法，把一些对你启发不大的删除。

# 四

◆ ◆ ◆

那么，怎么建立自己的公众号关注集群呢？

一个路径，是高手的转发。比如，你在朋友圈里发现比较靠谱的朋友转发的文章，标题显示的内容又是你关心的，你就会倾向于点开来阅读。如果一读之下，觉得写得特别好，又是原创，就可以先点开再读几篇，然后决定要不要关注。如果是转载，就找到原号来作判断。

另一个路径，就是利用微信搜索功能。我们在备课中，经常要搜索一些公众号上的知识信息。在搜索的过程中，如果发现哪些公众号上的文章特别好，也可以考虑关注。

这样，你就会逐渐关注一批公众号。接下来，就是在时间中淘洗。看了一段时间后，发现没有多少价值的，取关。然后，再关注一批，如此反复，一个主题，一个行业，慢慢就弄清楚了。不但弄清楚了框架，也弄清楚了这个领域哪些人要重点关注。然后，持续地跟进重点关注的人，就对行业的发展以及行业的关键知识有了直观的认识。加上公众号文章大半往通俗里写，也容易阅读。

这就像行走江湖一样。萧峰行走江湖，眼睛是亮的，虽然偶尔看走眼，但能够立即纠正。慕容复就差劲了，让跟他的几位好汉最终沉默了，更不用说如花似玉的表妹了，"男默女泪"，用在他身上倒是合适的。所以，警觉是必要的。如果你最终收藏夹里都是男默女泪，我只能说，这就是你想要的，这就是你，咱别扯什么专业发展了。

当然，我知道你一定很好奇，货车司机的收藏夹里除了货拉拉公众号，还会有哪些呢？分享一下呗，让大家能够拉风地上路，驰骋万里。

没门，就是不告诉你。这跟找心仪的女子一样，只能自己用心去找。自己用心找到的，才是最适合自己的。

## 读了那么多书，为什么仍然在原地踏步？

叶公子高好龙，钩以写龙，凿以写龙，屋室雕文以写龙。于是天龙闻而下之，窥头于牖，施尾于堂。叶公见之，弃而还走，失其魂魄，五色无主。是叶公非好龙也，好夫似龙而非龙者也。

寓言通常并不难懂，这则有些古怪，小时候不大明白。现在却是太明白了，因为这世界上的叶公，实在是太多了。

叶公为什么好龙?

因为龙是一种高大上的生物，好龙是一

件很高大上的事情，仿佛你好龙了，龙就附体了，有一种高人一等的优越感。而要有优越感，就必须让别人知道，所以，龙的名片贴得到处都是。

然而，与真龙相处，就麻烦了。因为假龙不会说话，你可以随便摆弄它，摆各种 pose。真龙没有这么听话，相处耗费心力，要成为朋友或者真正地驾驭它，可不像驯养一朵玫瑰那么容易，浇浇水就行。

所以，还是逃吧，因为实在……演不下去了。

一

❦ ❦ ❦

教育领域，盛行的仍然是"悦读"。

既然是悦读，那么盛行的，往往是教育故事。这些故事，经常是我对你爱爱爱不完，或者老师的灵机一动，又变成了教育机智。总之，学生的发展仿佛变魔法，亲爱的你是在霍格沃茨魔法学校上班吗？

这种阅读带来的问题是什么？

是阅读不触及真正的问题，往往从皮毛上滑过去，滑得赏心悦目。到真正解决问题的时候，仍然免不了丈二和尚摸不着头脑。这类老师，真到了总结的时候，往往更善于寻找自身教育的闪光点，化为一个个美妙的教育故事。而真正的高手，永远是在与问题搏斗的。

时间久了，忽然就明白了，有些人读书，本身就是为了取暖。和一群人一起读书，那是为了抱团取暖。总之，我在读书比我读书要重要得多。

举个例子，《窗边的小豆豆》经典吧？咱不举烂书。但是，许多人"悦读"之后的结论是什么呢？仍然是把《窗边的小豆豆》当成教育的桃花源，一个做梦时向往的地方，而没有当成对教育的真实的思考并且与之对话，对之反诘。

真正好的专业书籍，应该是挑战我们智力的，而不应该是愉悦我们情绪的，那恰恰是对我们的智力的羞辱。凡是改变我们自身的阅读，本质上都是经历冲突的。有一些经典，甚至会造成一场心灵地震。但是人的心智，也正是在这种情况下被启蒙的。

所以，去读书，而不要表现出我在读书。去通过阅读来改变自己，而不要试图用阅读来愉悦自己。我们最终的高度，取决于我们所能够得着的经典的高度，而不是取决于悦读的数量。

一个习惯了悦读的人，对于真正的专业书籍，尤其是经典，往往敬而远之。在这种情况下，读再多的书，也是在原地踏步，连专业的皮毛都谈不上。

## 二

❖ ❖ ❖

读书成了表演，在许多学校也成了常态。

读书活动，读书分享，往往成了读书秀，而极少有真正的思考。不但教师读书作秀成风，学生阅读作秀的成分也非常的重。因为老师需要跟校长展示"我在读书"，好让校长有安全感，校长需要学生展示"我在读书"，好让上级有成就感。无论如何，读书总是好的，所以不但要"读书"，更重要的是要让别人看到在"读书"。至于为什么读书，读书到底解决什么问题，就语焉不详了。

教师参加读书沙龙，更是学校的一大景观。为什么？因为大家坐在一起，并不是思想在交锋，而是表达对读书的热爱。

我们想象一下，如果在今天，华山论剑可能如何进行？

主持人宣布：华山论剑，现在开始。请大家自由发言。

洪七公捋了捋胡子："不容易呐。为了练成降龙十八掌，我一双原本白嫩的手，现在生满了茧子。家里的东西都变卖完了，毕竟没时间挣钱，还要交学费，没办法，只好做了乞丐，成立了丐帮。这些年，顾不上娶老婆，甚至没时间做好管理工作……想起来，愧对列祖列宗，也愧对跟我一起讨饭的兄弟们呀。但是，为了武功，所有的牺牲都是值得的。我不后悔。"

吃瓜群众，一片唏嘘。

凄惨的萧声幽幽地响起，众人凝神静听，不胜寒意。一曲作罢，黄药师缓缓地说："七公，你顾不上娶老婆，甚好，甚好。我娶了老婆，但是……冷落了老婆不说，最终，为了我的练功事业，她献出了自己宝贵的生命！我顾不上管女儿，甚至任其沦落江湖，一度成为乞丐。连我的徒儿们，也被我挑断脚筋，一一逐出了桃花岛。世人皆谓我邪，辜负老婆，辜负女儿，辜负徒弟，但是，我是把全部的痴情，都付诸武功了呀。"

吃瓜群众，男默女泪。

"哈哈哈！"忽然间，欧阳峰倒着飞奔而来，瞬间盘坐在地上："七公和岛主，实属不易。可是我欧阳峰，怎一个惨字了得?! 为练武功，满岛是蛇，你们知道我这些年经历过什么吗？七公红光满面，岛主清奇如仙，可看看我欧阳峰，当年是何等的风流倜傥，如今像老树昏鸦，我为练武，付出的代价难以想象。最惨的是，所爱之人无法伴随左右，亲生儿子不能相认，而且惨死。我这一辈子，为练武付出的代价还不高吗？……什么？我疯了？不疯癫，不成魔！"

吃瓜群众，大为惊骇。

最后一个发言的，是郭靖，他眼一红："我还在我妈肚子里的时候，我爸就死了，活活被金人打死的。所以，一定要练武，这就是我的胎教。靖康耻，犹未雪，我就是衔着练武的使命出生的。你们几位前辈，哪一个不是天资异秉？哪一个不是从小的三好学生？可我，从小时候起，笨这个字就刻在了我的脑门上。我被人打了多少次，不知道，回家跟妈也说不清楚，我就是个挨打的沙袋。教我的师父，就像天上的星星一样多，有几年，有七个师父同时给我上小班课，个个气得要吐血了。尽管如此，我郭靖也从来没有放弃过。我妈因为我自杀了。为了习武，我放弃了自己的初恋，爱上了一个能帮我找到好师父的人。这些年，我就这样一步一步从江湖上走过来。掉到蛇洞被蛇咬过，被梅超风的九阴白骨爪伤过，被成吉思汗的鞭子抽过，但是我始终咬着牙在坚持，我相信，功夫不负有心人，总有一天，我会站在华山论剑的舞台上。今天，我终于来了。"

吃瓜群众，泪流满面，一片掌声。

经评委打分，一致通过，郭靖获得华山论剑第一名。

# 学校共读这盘棋，校长和组长怎么下？

在许多学校里，共读就是鸡肋。不读吧，教师怎么能不读书呢？读吧，教师没有兴趣，主持人也觉得讲不清楚，纯粹地成了浪费时间。就像江湖不能没有武林大赛，但是又组织不起像样的比武，最终就成了指定各个门派派出队伍来做广播操的展演，热热闹闹的，有个气氛。

共读虽然难搞，但存在的问题，总结起来无非是——

1. 共读什么书?

2. 怎么组织共读?

3. 大家水平差不多，怎么提升共读的效果？

4. 怎么能让共读对工作产生明显的推动作用？

一

▼ ▼ ▼

共读什么书？的确是个问题。

读《少林罗汉功》吧，蛾眉派女弟子们要尖叫了，"不要啊"。连少林寺的老同志也会皱眉："老僧五十年前曾与师兄们读过此书……"扫地僧也一定坐不住了："校长，我能不能申请自修，不参加共读？"读《玉女心经》吧，少林寺僧众又要嚷嚷了。实在是众口难调，作为武林盟主，校长确实为难得紧。

好在办法总比困难多。各门派齐聚一堂时，大家可以读《论江湖人的自我修养》，各门派回到本组，再去读些专业书籍。《少林罗汉功》太轻，《九阴真经》太重，就读读《般若经》吧。老同志嫌轻，可以负责讲解，培养年轻人嘛。而且，这也算是费曼学习法，也能加深对这本书的理解。哪位老同志觉得《般若经》对自己太简单了？出来走两步？

好吧，不调皮了。

共读分为两个层级，一是学校层面的跨学科共读，二是学科内共读。

学校层面的共读，读什么书能对全校的工作起到明显的推动作用呢?

　　显然，我们首先要思考学校共读的目的是什么，想要解决什么问题。一般来讲，学校共读，多是解决价值层面的问题，用传统的话来讲，叫"统一思想"，用现在的话来讲，叫形成共同的使命、愿景、价值观。有时候，学校有一些不好的现象，不好的苗头，比如男同志头发太长，女同志裙子太短，不好直接批评，就借着某一本书来"王顾左右而言他"，套用泰戈尔的话来说，"不是锤的击打，而是校长的轻歌曼舞，使教师团队日趋完美"。也有可能是解决专业层面的问题，当然是跨学科的。例如今年可能抓全校学生的习惯养成，那么，就需要读一读纪律管理方面的书。习惯养成抓好了，要抓人格养成，再读人格发展方面的书。如果学校在走课程化道路，再去读课程方面的书。在做课堂改革，就读课堂方面的书。这样，所读的书籍，能够为所做的事情提供理解和实践背景，而在共读时，所做的事又容易形成案例。如此循环往复，理论与实践，就很容易打通。

　　一旦层次定了，目的明确了，那么，选书就容易了。

　　教研组的共读，逻辑是类似的，也要根据当前教研组要解决的核心问题选择恰当的专业书籍。

　　通常而言，用于共读的书籍多数情况总会略高于一般人的阅读水平，这很容易理解。共读的书，如果不在最近发展区内，而是在舒适区内，那么，共读的意义就不大了。

# 二

▼　▼　▼

那么，书选好了，怎么组织共读呢？

换句话说，大家好不容易调出两节课来，怎么确保每个人的收益最大化，并且有下次参加共读的强烈动机呢？

显然，取决于两点：

1.大家认真读了。

2.共读的时候，在自己理解的基础上，又有了较大的提升。

要确保大家真的读了，有两种方法。一种是确保大家参加共读前，已经读过了，相当于充分预习过了；一种是在共读的现场，大家共读，即有一个朗读者，大家跟着一起看。第二种办法，往往更有保证。

而要确保大家在共读的时候有较大的提升，也有两种办法。一种是学校有高手，不是高出一点点，而是高出一大截，最好高得让同事绝望的那种来进行解读，并回答大家的提问；一种是大家轮流来讲，或者有一个由成熟教师组成的小组联合攻关，来讲给大家听。两种办法都可以，取决于学校拥有的资源。

书的性质（难易与篇幅），也会对共读的组织和分享方式产生明显的影响。

例如，如果书不是特别的难，并且案例居多（例如共读《第

56 号教室的奇迹》），那么就没有必要逐字细读，或者只有理论部分或某些部分细读，更多的部分，则由指定的人进行概括性的讲述和评析。

如果书很难，则要全文细读（如果篇幅长，可以部分细读），没有高手的话，就分头研究，将一本书划成若干个片段，划分给不同的人。除了讲解还要处理问答。这样，讲的人，听的人，都能够从中获益。

最终，每读完一本书，可以要求提交一篇读书笔记，读书笔记是多样的，但是，尤其注意不要写成随感，尽量写成小论文，就是围绕着这本书，把一个概念或一个案例讲清楚，也可以对全书进行必要的梳理。装订成册后，就成了学校的档案。

## 三

◆ ◆ ◆

共读遇到的最大障碍，往往是缺乏能够启发大家的解读者，大家的理解差不多，读来读去，萝卜煮萝卜，没有肉。

遇到这种情况，怎么办？

一定要清楚，对于共读来讲，最重要的不是有没有高手带路，而是有没有好的共读文化。一句话，一群人，有没有强烈的追求真知的愿望，比有没有一个高手在身边要重要得多。如果一个团队，大家齐心协力，想尽办法想要弄清楚一本书，单是这种态度，这种团队文化，就能够让一锅萝卜进化成一锅肉。所缺乏的，无非是岁月这剂催化药而已。因为在网络时代，没有解决不了的问题，没有链接不到的资源。

你永远叫不醒一个装睡的人。

有了这份意志，另外的一切办法，都可以被创造出来。

例如，大家可以分任务去研究，去向高手请教，去把自己负责的章节搞清楚，然后分享给大家。如果方便的话，当然也可以邀请高手，在每本书共读结束的时候来一个总结性的讲座和问答。校内高手缺乏，校外就不一定了，有时候随便拦辆货车，都能发现高手。

在我看来，共读能不能成功，取决于学校里有没有一个恰当的共读组织者，一个自身学问水平未必高，但是却能够有效地把大家组织起来，日复一日、年复一年向前走的人。

有了了信念，犟龟一样地走在路上，最终有一天，会迎来豁然的时刻，迎来属于一个团队应有的庆典。

# 读哪些书，怎么读，能让抓成绩变得更专业？

应试教育，是教师不读书的主因。毕竟，专业阅读的行为，是受需求驱动的。抓文本解读不如抓字词过关来分快，为什么还要在文本解读上下专业功夫？没必要绕那么远的路嘛。加入星宿派，实现弯道超车，才是关键。虽然星宿派有点邪，伤身体，扭曲灵魂，但是江湖水深鳄鱼多，得先活下来不是？活下来，再考虑健康问题。

但是，抓成绩，就不需要阅读了？有没有考虑过，有一类阅读，可以让你抓成绩变得更有效率，甚至出现质的变化呢？

我说的不是读教材、教参和教辅。

文章不算长，但信息量很大呀。

## 一

一说提分你就感兴趣，就想上车，甚至愿意付车费，咳咳，这很不好啊。

要想成绩好，关键是全面提升效率。那么，怎么提升效率呢？从下面几个角度入手，都能带来效率的释放：你需要带领学生完成地毯式学习，同时又能够有效地锁定重点，这需要一种方法论；你需要知道如何有效地激励学生，能够把握住激励的本质，尤其是，你需要掌握针对学困生的解决技巧；你需要研究针对自己和学生的时间管理或者说精力管理技巧，最大限度地减少时间和精力的浪费，同时研究学生的学习习惯，提升学生的自主学习动机和水平；你需要研究学习的本质，研究高效学习的认知机制，研究高效的训练技术；你需要研究有效的教学技术和学习策略，并掌握相应的工具。我们可以概括为五大领域：思维、动机、习惯、训练、策略。思维建立框架和思维方法；动机提供动力系统；习惯是高效学习的自动化基础；训练是突破核心的刻意练习；策略是实现上述目标的一些具体方法。

如果你一辈子做应试，就一辈子在这些方面持续研究。最终的结果是什么？是你能够成为高效的教练。而许多人考试考不过你，是因为他们只是按部就班的老师，而不是高效率的教练。

这意味着什么？意味着你在思维、动机、习惯、训练、策略这五个方面，要形成科学、全面、扎实的专业素养，并转化为你的专业本能，然后在岁月中持续地自我更新。而在这五个方面的自觉，不能只凭借经验或性格，一定要靠自觉的学习。

我推荐一个我常用的书单：

| 主　题 | 书　　名 | 作　者 | 难　度 |
|--------|---------|--------|--------|
| 思　维 | 《麦肯锡方法：用简单的方法做复杂的事》 | 艾森·拉塞尔 | 中　阶 |
|        | 《金字塔原理》 | 芭芭拉·明托 | 中　阶 |
| 动　机 | 《奖励的惩罚》 | 埃尔菲·艾恩 | 初　阶 |
|        | 《动机与人格》 | 马斯洛 | 高　阶 |
| 习　惯 | 《习惯的力量》 | 查尔斯·都希格 | 初　阶 |
|        | 《清单革命》 | 阿图·葛文德 | 初　阶 |
|        | 《卓有成效的管理者》 | 彼德·德鲁克 | 中　阶 |
| 训　练 | 《高手：精英的见识和我们的时代》 | 万维钢 | 初　阶 |
|        | 《学习之道》 | 乔希·维茨金 | 中　阶 |
|        | 《课程与教学的基本原理》 | 拉尔夫·泰勒 | 高　阶 |
|        | 《人是如何学习的》 | 布兰思福特 等 | 高　阶 |
| 策　略 | 《科学学习：斯坦福黄金学习法则》 | 施瓦茨 等 | 中　阶 |
|        | 《适于脑的教学》 | 埃里克·詹森 | 初　阶 |
|        | 《老师怎样和学生说话》 | 海姆·吉诺特 | 初　阶 |

# 二

▼　▼　▼

不要轻视这个书单（这个阅读系列将会包含许多书单）。

你要想一想，我一辈子都在从事运输工作，拉过的书，不知道有多少了。每一个领域，每一个专题，肯定都是翻遍了能找到的书。我推荐这些书，而不是有些甚至更有名的书，也不是推荐更多的书，一定有自己的道理。

重要的不是把这些书买来读，书只是手指，指向一个人要花数年时间建构的经验。这些书，本身既代表了相应的知识结构，同时也是一种主题暗示，你可以沿着这些主题，或者这些书的指引，在同一个主题那里做更多的探索和延伸。

那么，怎么用好这些书呢？

烂熟于胸，是非常重要的。一本书，关键概念是什么？核心逻辑是什么？知识结构又是什么？要非常熟悉。这靠的是把书读厚，再读薄，最后读成几句话，几条定理。例如，读《麦肯锡方法：用简单的方法做复杂的事》，读到最后，就是一句话："完全穷尽，互不重叠。"这句话跟"如无必要，毋增实体"（也叫最少必要原则）的奥卡姆剃刀结合起来，至少对我，就是解决问题的倚天剑和屠龙刀。

举个例子，考试时如何复习？最好的方法是地毯式复习。那么，地毯式复习要有效率，就要确保"完全穷尽，互不重叠"，就是说不走回头路，确保有限的时间覆盖到每一个知识点，没有遗漏。而许多学生复习面临的问题，就是复习有遗漏，有些地方又反复复习，不符合统筹方法。但是，地毯式复习可能受到时间的限制，也可能重点不突出，这时候就需要跟奥卡姆剃刀原则结合起来。剃刀原则是一种确立重点的原则和筛选机制，就能够确保既全面照顾，又重点突出。

在烂熟于胸的前提下，再不断地拓展、吸纳，让结构或概念保持灵活。然后，在不断地运用中，不断地试错中，让核心观念逐渐内化为一种无意识的反应，或者说一种自动化的反应，一种因果之间无须努力的联结，如此，效率就生成了。

最怕的是，看一本扔一本，只求眼前可用的，而缺乏真正的持久的理解，尤其是在不断地翻这些"旧书"的过程中形成的理解。这是一个非常寂寞的过程，但是穿越这个过程后，你的反应就与其他未经过训练的人的反应完全不同了。

## 三
◆ ◆ ◆

这当然还不是全部，这是从效率角度讲的，从逻辑角度讲的。从时间角度讲，又要换一副眼光。在不同的时间里，就像在不同的季节里，做不同的事情，最后结果自然会最大化。每一天都是高三，最后效率是不高的。因为时间的艺术是节奏的艺术，这一切，都要在漫长的时光之后，才能默会于心。

一旦你开始变得通透，一切就变简单了。所谓的思维，只是一种框架和因果关系；所谓的动机，只是由目的牵引的一种势能；所谓的习惯，只是一套高度简化的自动化程序；所谓的训练，只是一种刻意制造的遭遇；所谓的策略，只是处境中对有限程序的灵活选择。如此，你处理知识问题和考试问题，就变得灵活而有序、机敏而有效。在一轮一轮的实践中，你不断提升的，是反思下的经验。

然后，再保持敏感。不只是对考点的敏感，对知识的敏感，也包括了通过公众号、知乎等网络平台对工具的敏感。直到有一天，你的随心所欲里，漫不经心里，每一个动作都经历过千锤百炼，只是看起来好像天赋一样。

听上去挺美，是吧？

其实，我描述的只是梦境。而对太多的人来说，这一切遥不可及。因为大多数人很难在工作中拥有坚定的信念和勇往直前的行动力。如果一辈子都在敷衍了事，都在逃避躬身入局，都在做生活的旁观者，指望阿里巴巴的咒语来搭救，这样的职业生涯是谁也挽救不了的。

# 语文老师的文本解读
## 能力是怎么练成的？

我们会被电影感动，被文学感动，但是，要说清楚文学，或者说一个文本，到底是怎么回事情，是如何影响我们的，却是一件非常困难的事情。因为感动往往是无意识的，就像恋爱，我们经常会说，爱一个人是没有理由的，实际上，只是我们不知道理由而已。同样地，喜欢一篇文章、一首诗、一本书，或者相反，讨厌它，或者对它毫无感觉，一定是有原因的，而所谓的文本解读，就是让原来凭感觉的东西，可以为理智所分析，原来无意识的东西，在意识层面被看见。

文本是有灵魂的，解读工作就是破译工作，一旦破译完成，文本就会向我们敞开。当文本向我们敞开自身时，我们在文本面前便获得了自由。否则，我们永远只是奴隶。在这种状态下，我们无法把文本的魅力带给学生，只能用文本来做机械训练，从识字到回答阅读理解题。

一

◆　◆　◆

教师对文本的感觉是非常重要的，这是文本解读的起点，你永远没有办法把一个宫里的公公训练成情场高手。这种敏感，与青春期对文学的感觉高度相关。一个在青春期远离文学，或者对文学非常麻木的人，基本上不太可能被训练成为文本解读高手。因为这种感觉，就是一种解读时的指引，是黑暗中摸索时的火把，也是解读完成后的校正仪。

我开始学习文本解读的时候，主要是"偷"，就是把人家的文本解读成果运用到自己的课堂上来。上世纪九十年代网络初起，根本还没有普及，哪怕普及了，网上的资源也极其有限。于是，我就是大量地买书，订阅《名作欣赏》《文史知识》等杂志，按照教材内容编制索引。例如，我要讲这一课了，这一课曾经在哪个杂志中有过好的解读，都写在教案本上。教案中，经常大段地抄袭别人的解读，抄整篇文章的都有。最离奇的是手抄过中国社科院杨义的《中国现代小说史》（三卷本）中的鲁迅部分，那真是多啊，许多都被我运用到课堂上。（手抄的原因是买不到，后来买到了，却不再喜欢了，因为这时候已经读过夏志清等人整理的现代小说史了。）后来，喜欢上了王富仁、孙郁、汪晖等人的鲁迅研究，偏爱林贤治，对钱理群先生的鲁迅研究一直找不到感觉。林贤治有一篇长文《五十年：散文与自由的一种观察》，我是反复阅读，对我在高中讲散文，影响很大。

有一段时间流行鉴赏辞典，是从《唐诗鉴赏辞典》开始的，后来从先秦到明清都有了，新诗鉴赏辞典也有了，外国诗鉴赏辞典也有了，全部买过来，除了翻一翻选背外，都当成了备课资源。

现在回头来看，买鉴赏辞典系列，是我做过的无数最傻的事情之一。

为什么？因为鉴赏辞典解读文本的方式是很糟糕的，这是又过了一些年后我才意识到的。鉴赏辞典汇集了国家顶级名家教授的解读，但是，面对诗歌所采用的态度，仍然是一种客观的研究，而不是一种生命的直感。更没有把生命的直感，与理性的分析高度结合起来。

这一做法导致的结果是我的课堂变得旁征博引，花团锦簇。这当然也是吸引学生的，而且也自以为是好的课。就像烧一条鱼，各种炖，撒各种调料，出来的味道倒还挺好的，但是并不是鱼的本味。

## 二

❦ ❦ ❦

变化是从那些真正好的文学评论开始的。

举些例子吧。傅雷评张爱玲的《金锁记》，闻一多评《春江花月夜》，李长之讲李白，王富仁讲《春晓》，葛兆光讲诗歌里的汉字……那完全是另外一种体验。原来评论本身也可以是作品，可以是诗，可以如此地直击心灵。

一旦遇到这类文章或作品，我就反复读，倒不是刻意反复，而是因为喜欢，就不由得多看几眼。当时得出来一条结论：如果评论者本身是作家或诗人，评论往往就特别精彩。

转折性的时刻来自于去一位朋友的朋友家里，闲来无聊，偶然发现他有一本旧了的《唐宋词十七讲》。那时候手机还没普及呢，自己也没有，读得那叫个如饥似渴。原来，诗歌还可以这样解读?！直到十年后，我才知道生命在场，才可以生涩地用海德格尔的美学来解释这些。

反复阅读的同时，我开始在课堂上复制，结果发现效果特别好，学生很喜欢听我讲诗歌。然后，就从唐宋词向其他类型诗歌挺进，由古典诗歌向现代诗歌迁移，诗歌的解读与教学，逐渐就成了我的强项。用类似的办法，我处理了小说解读、古文解读，因为在这两个领域，我都遇到了不少好的解读者。甚至在相关知识方面，也有特别出色的作品，并且往往很浅显易懂。例如 2003 年的时候，读到一个叫蔡义江的人（后来才知道人家是红学研究专家）在《文史知识》上连载的一个讲律诗体裁特点的系列（律诗的题目、章法、句法、字法、因拗取峭），真的是特别的好，专门保存起来，反复阅读，在课堂上运用。

到遇到孙绍振的时候，反而对我影响不大。因为我在翻他的解读之前，已经穿越了《人间词话》《文心雕龙》，以及西方的解释学传统，诸如康德的美学、海德格尔的美学（《艺术作品的本源》）。自己在文本解读方面，也获得了极大的自由。

# 三

所以，文本解读能力从何而来？

有一定的文学感受力，这是前提。随之而来的第二个阶段是关键，就是大量的模仿。问题在于，我们要模仿谁？只能模仿真正打动我们的解读者。在我看来，作为起点的模仿对象，最好的就是叶嘉莹和孙绍振。

解读好的人并不算少，哪怕以我们的标准，为什么这两个人的解读要特别地提出来？有三个原因：一是这两个人解读的作品特别的多，书是一套一套的，有一个数量在，便于深入揣摩；二是这两个人的解读内容与中小学教材息息相关，孙绍振甚至是专门解读中小学教材的，这样便于直接移植；三是这两个人的解读特别的通俗易懂，又很有穿透力，模仿起来没有太大的难度，易于上手。有意思的是，无论是孙绍振，还是叶嘉莹，解读理论的素养，并不是最厉害的。但是，他们都尝试把文本说清楚，而且通常也都说得比较清楚。

所谓的模仿，就是采用他们的解读在课堂上使用，根据他们的解读进行问题设计。最偷懒的办法，就是把他们的解读在课堂上分享给学生，往往也能带来比较好的效果。在这种互动中，你的体验就会加深。

模仿，是最高效的学习。例如，你想要学习"深度语文"，就可以考虑把干国祥老师的两本书（《生命中最好的语文课》和《理想课堂的三重境界》）中的所有课例都在自己的教室里上一上。这种上，就是依葫芦画瓢地复制，通过复制寻找课堂上"思"的感觉。这也是费曼学习法的一种变形。

这个阶段一旦突破了，课就慢慢不一样了，解读水平也就慢慢提高了，再去读更多的有水平的解读者的作品，不断地拓展自己的解读能力，并且逐渐地进行迁移，迁移到尚未解读过的文本。这时候，你对文本的类型和风格已经积累了大量的经验，离高级专业化只有一步之遥了。

再要往前走一步，就是掌握工具以及纯熟运用工具的阶段。这是解读的高级阶段，不是这篇小文章的任务，而是另一个话题了。

第
三
辑

书读完了，
余生主要是复习

# 你的工具箱里，有没有放对东西？

　　做许多事情都不能赤手空拳，武松出门还知道带根哨棒。要做复杂的事情，经常需要准备工具箱，就像过去走街串巷的赤脚医生。工具箱不可能把所有要用的工具都放进去，往往只是放一些最要紧、最必不可少的工具，以减轻工具箱的重量。遇到给欧阳峰治神经病，工具箱里不能再放几个壮汉，到看病时，把邻居郭靖叫过来帮忙就是了。

　　工具箱当然只是一个比喻，更多的时候是指你的大脑。就像以前的出租车司机，头脑中一定有一张超级强大的城市地图，这张生动的地图，就是出租车司机的核心知识或者说核心素养。当然，现在做滴滴司机就没必要了，因为工具又被从大脑移到手机中，核心素养变成了服务水平。

显然，有限的工具箱（大脑）里面放哪些工具，怎么放，是有讲究的，就像医院里的急救包，是无数经验的结晶。这些工具以及组合方式，目的是把工具箱的功能最大化。假设一个急救包里没放消毒酒精或纱布剪刀，却放了护士用的口红，显然，功能就大大地下降了。就像郭靖要闭关练功，黄蓉给准备背包，里面放了《养雕技术》《荒野生存》《从笨嘴笨舌到伶牙俐齿——江湖沟通 72 招》《爱的艺术》，唯独没放《九阴真经》。

这个工具箱，就是你有待建构的经验。

一

◆ ◆ ◆

换句话说，教师根据自己工作的性质，需要形成一种内在的知识结构，并且在职业生涯中反复训练，让结构变得复杂、强大而灵活。一旦结构太弱，就像汽车发动机太差，在教室里突突突，就像开拖拉机，声音倒挺响，就是跑不了多远，还颠得不行。发动机性能强，并且不断地迭代，职业生涯，不，整个人生，才有开挂的可能。

这个结构是怎么来的？

简洁地说，这个结构就是"反思下的经验"。详细地说，是"实践＋反思"内化为一种能力结构，这种能力结构的骨头是核心观念，肉是大量默会的滋养观念的感觉。这种结构是通过做事获得的反馈才建构而成的，但是能量却往往来自外部：高人的指点、同事的帮助、碰到南墙后很痛的领会，以及阅读。

显然，这时候的阅读，不是凭借你的爱好，而是要看需要。就像准备医疗包一样，缺纱布就去买纱布，缺酒精就去买酒精，你再喜欢口红，也不能装在医疗包里。显然，你给医疗包里装什么，取决于医疗包是干什么用的，一旦医疗包的用途确定了，那么，它应该装什么，也就被确定了。同理，如果你是小学语文老师，那么，你的知识结构应该是怎样的，实际上就可能存在一个理想模型。最终每个人的知识结构都是有差异的，没有两个人的知识结构完全相同，但这并不妨碍存在着描述理想模型的可能。就像树上没有两片完全相同的叶子，但是，我仍然可以说，梧桐的叶子是什么样子的，银杏的叶子是什么样子的。

在写《教师阅读地图》的时候，我给过一个粗糙的模型——

这个结构中，通识阅读、教育专业阅读和学科专业阅读的比重，大体分别为 20%、30% 和 50%。这当然不是精确的比例划分，更是一种定性，而不是一种定量。意思是说，对一个教师而言，学科专业经验是最重要的，教育专业经验是第二位的，通识阅读作为背景，是相对次要的。所谓的学科专业阅读很容易理

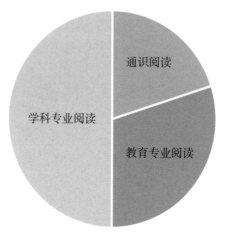

教师阅读结构

解，你是语文老师，当然应该多读读文学作品啊、文本解读啊、语文课程论啊，这都是你的学科专业阅读。无论你是哪个学科的老师，只要从事教育，就要有一些教育学、心理学、课程与教学论以及教育管理等方面的知识，这就是你的教育专业阅读。通识阅读是以人文社科类阅读为主，主要是背景性的，是你作为人类中的一员所要具备的一些常识。

二

❤ ❤ ❤

结构决定功能。

举个例子，作为少林弟子，你刻苦修炼蛤蟆功，又花时间练习武当长剑，同时对玉女心经也有浓厚的兴趣，这就值得斟酌了。不是说你不能学，艺多不压身，而是说，你又不是欧阳克来少林寺卧底，没必要总耕别人家的地，荒了自己家的田。

我遇到过一些老师，对班主任工作极其有兴趣。所以，手不释卷的是《爱心与教育》，是《班主任兵法》，是《班主任工作漫谈》（这些当然都是好书），对自己学科专业的东西视若无睹，就像慕容复之于王雨嫣。结果呢，班主任工作搞得蛮好，学科教学很差劲，爱上丫环，轻慢了小姐，结果颠倒了主次，落魄不堪。就像医生，一辈子研究怎么搞好医患关系，把病房弄得像家园，忙得没时间修炼医术。这种结构失调，带来的后果是严重的。病人虽然走得很安详，但这不是家属送他来医院的目的。

学校的管理也好，纪律也罢，都是用来保障学习的，一旦专注用错了地方，难免就买椟还珠了。

之所以产生这种情况，还是过分地停留在舒适区的缘故。擅长做班主任工作的，就觉得班主任工作极端重要，只要把人搞定了，学习自然而然就上去了。问题在于，我也坐端正了，不跟小师妹眉来眼去了，这当然有助于学习，但是，不会做的数学题并不因此就自己解决了。管理解决管理的问题，学科解决学科的问题，哪个更重要？都很重要，但从比重上讲，当然学科重要。而且，你把课上到了顶流，哪里需要管理呀！

在专业领域，悦读是万恶之源，让我们只读自己想读的东西，而不是读自己应该读的东西。结果，我们总在强化原来的结构，而没有进化出新的更有力的结构。这一点，直到现在还是一个严重的问题，一直严重到许多人根本不知道自己到底应该读什么。

# 三

▼ ▼ ▼

知识结构的任何部分，都有自身的底层逻辑。而任何领域总有一些基础或核心的书籍，是在对这些底层逻辑进行讨论或争鸣。这种讨论，就构成了底层框架。就像我们在读教育学的时候，会看到联结主义与建构主义的对峙，自然主义与文化主义的冲突。有了这些基础的概念，理解许多问题就变轻松了。比如佛妈和虎妈在争论，孩子到底应该怎么养？该不该上补习班？几乎每一件事上都针锋相对，你听几句就明白了，这只是价值之争，无关真理。而且你迅速地就反应上来，她们在育儿路上，分别会遇到什么坎坷困难。如果她们向你请教，你也能给一些诚恳的建议，以便让她们在育儿路上取得一些平衡，不至于向一个极端走得太远。这样是不是就很节约认知资源？否则，你可能也陷进去，脸红心急的，讨论老半天也弄不明白。

再举学科里的例子。你拥有一些关于文本解读的核心知识，看到一个文本，就能够迅速地归类，分类处理。就像在厨房做菜，有些菜适合蒸，有些菜适合炖，有些菜适合炒，有些菜适合生吃，处理的速度大大地加快了。童话要教结构和象征，小说得讲主题和人物，散文是个筐，什么都能往里装，所以还得再分类。同样地，你掌握了写作的基本模型，写起文章来，也是刷刷刷的，就像货车司机在无人的高速路上驾驶一样爽。

所以，专业阅读，一定包含了对自己知识结构的审查。否则，别人和你说话，可能会堵得慌。

例如，你跟一个自称自由主义者但学科素养很差的人讨论学科教学，万一他觉得与普世价值有关的书，才是唯一值得读的书呢？你跟他讲专业，一不留神就逸出了他的认知范围。这时候很麻烦，他关心的不是你的谈话内容，而是你的表达方式。最后，聊死了，全剧终。

知识结构的搭建，要尽可能地避免短板，确保最短的板也具备常识意义上的学习。有了这个背景，才谈得上发展长处，最终以长处为基础，形成自己的经验风格。并且，要在这个变动不居的时代里，进行轻微但不间断的调整。

最后，需要再次强调的是，知识结构的构建主要是反思下的经验。也就是说，是我们在工作中不断建构和调整的，阅读在这里的确起了重要的作用，但是，不能把阅读当成知识结构的唯一途径，对于一些学科来说，这甚至不是主要途径。

举个例子，你让艺体老师也像学科老师一样阅读，有考虑过他们的感受？这是要补当年逃掉的课吗？

## 教育学，不必读书目与必读书目

从事教育，当然应该读读教育学，这似乎是天经地义的。但事实上，做老师的很少有人读教育学，哪怕上的是教育系，也可能读几本教材了事。毕竟，教育系似乎在高校里并没有什么地位。钱钟书在《围城》里有一段生动的描述：

在大学里，理科生瞧不起文科生，外国语文学系瞧不起中国文学系，中国文学系瞧不起哲学系，哲学系瞧不起社会学系，社会学系瞧不起教育系，教育系的学生没有谁可以给他们瞧不起了，只能瞧不起本系的先生。

实际上，教育学是非常重要的一门学科，往往关涉着教育的方向和本质的问题。只是在应试教育席卷一切之际，这个问题被忽略了，没被当成一个问题。没被当成问题的往往是根本问题，就像你去拜师学艺，你只想着学功夫，往往走到哪个山头，就拜哪个师父，没有想过不同的门派，会把你带到不同的方向。在未加反思的情况下，无论是学校还是家庭，一定会缺乏自己内在的坚定性，不自觉地带有功利主义倾向。

教育学的价值，就在于它带有一些类似元认知的倾向，能够帮你做一些价值观和方法论上的澄清。这种澄清，很重要。

## 一

◆　◆　◆

先说说教育学有什么用。

教育学的范畴，可大可小，可深可浅。省掉大半跟我们关联不大的内容，例如有关教育社会学、元教育学、教育史学之类的东西，直接抓取与我们休戚相关的一些领域和主题，那么，可能有哪些？假设我们认为，教育学包含了有关教育与发展的一般的讨论，包括了课程论、教学论以及德育理论（但不包括学习理论，那属于心理学范畴），那么，有哪些书是可以读的呢？

先列一个不必读的书目——

《大教学论》，夸美纽斯；

《教育漫话》，洛克；

《爱弥儿》，卢梭；

《学记》，乐正克；

《陶行知教育文集》，陶行知；

《窗边的小豆豆》，黑柳彻子；

各种教育史。

在教育学领域，最可读的，首推杜威的《民主主义与教育》。这本书带有全息性质，详细地讨论了教育与生活的关系、教育的目的、教育应该如何选择内容，以及传统的教学方法应该作出哪些改变，至今尚未过时。最重要的是，杜威在讨论这些问题的时候，将人类有史以来重要的教育哲学（教育学就是教育哲学）进行了系统的梳理，以之作为对话的基础。所以，你有必要读《爱弥儿》吗？有必要读《教育漫话》吗？已经完全没有必要了。你只要知道自然主义教育、白板说等概念就可以了。

怀特海的《教育的目的》是一定要推荐的。这本书，在很大程度上也是对杜威的继承。而怀特海所批判的教育方向，今天还真在大行其道。杜威说教育无目的，教育的目的乃是自身，怀特海讲，古今中外的贤人学者应该汇聚在今天的殿堂，教育只有对当下有用才有意义，这些都是非常重要的。当然，怀特海提出的

"浪漫—精确—综合"的概念，以及对自由与纪律之间关系的阐述，精妙无比。

博尔诺夫的《教育人类学》，甚至比《教育的目的》还薄，但写得实在太好了！从人类学视角看教育，带来别样的洞察。这本书中关于人的可教育性的说明，关于教育气氛的说明，都十分精彩。最精彩的，是对危机与遭遇的阐释，对理解学生的发展，尤其是发展的不连续性，有着深远的意义。

在杜威的基础上，把教育学往前大大推进了一步的，是埃德加·莫兰的《复杂性理论与教育问题》。真是福音啊，这本书又很薄。这是莫兰受联合国教科文组织之邀所写，实际上由两篇文章构成，详细地阐释了未来教育的可能性。核心是关注到教育问题本身的复杂性，把多学科整合到教育学视野中来，超越原来简化的观念。例如，要接受悖论的存在。这些观点，恰逢其时。

当然，也可以读一读比较新锐的作品（其实也几十年了），例如《被压迫者教育学》。这本书中关于师生关系的阐释，令人难忘。

## 二

在课程论领域，比较好的作品，当然是泰勒的《课程与教学的基本原理》，以及多尔的《后现代课程观》。

我在前面讲过（以后还会讲），泰勒原理对我影响很深，大家也知道他同样影响了企业，促成了企业中的效率运动。而现在教育领域的效率低下，泰勒原理同样也是一味解药。泰勒的四个问题，应该永久地回荡在教育人的心中。

而我们在讲到效率的时候，实际上强调的是闭环，是以终为始，是传统意义上的问题解决，这仍然是现代思路。《后现代课程观》则从物理学等领域的变化开始讨论，讨论一个开放系统何以可能，以及可能如何，这在课程理论上是革命性的。虽然我们现在仍然主要在现代课程的观念支配下，但是，后现代课程的启发仍然是巨大的。甚至可以说，是一味良药，帮我们时刻保持反思。

教学论领域，近期《追求理解的教学设计》颇值一读，虽然稍难。更多的书，要么太晦涩，太学院化，要么根本抓不住关键。一定要我推荐，我宁可推荐干国祥的《理想课堂的三重境界》。里面的有效教学框架，是我处理教学问题的常用利器。

至于纪律管理方面，我另有专文推荐。

反而有一本书值得推荐，叫《教学勇气》，这本书可以归为职业认同类，也可以归为教育学类。教学令无数教师身心疲惫，那么，如何理解知识？如何理解教学？如何才能令我们感觉到身心完整，教育教学工作才能给予我们能量和力量，而不是伤害？这本书，给出了令人印象深刻的答案。

在道德发展领域，主要有两条路径，一条强调道德熏陶，例如《道德情操论》，据说很好，我没有读过；一条是道德思辨的道路，主要是经由皮亚杰一直到科尔伯格的路子。不过科尔伯格的《道德发展心理学》实在是太难了，我觉得，哪怕通过雷夫·艾斯奎斯的《第56号教室的奇迹》理解一下道德发展的三水平六境界，也是很好的。实在不行，百度读文章也行。当然，也可以读桑德尔的《公正：该如何做是好？》，又通俗，又很好地总结了不同流派的道德发展理论。再往后读，就是《美德的起源》，这是从进化心理学角度讲道德的作品了。

## 三
❖ ❖ ❖

教育实践类的作品，也有一些是极好的。

永恒的经典，实践教育学的杰作，首推《给教师的建议》，也可以直接读《苏霍姆林斯基教育学》，小学和初中段的一些比较重要的问题，基本上都涉及了。

其他的，大家也基本上耳熟能详——

阿莫纳什维利的《孩子们，你们好！》，"学校无分数教育三部曲"之一，值得一读再读。此外，《道尔顿教育计划》《学校是一段旅程》《爱心与教育》，以及前面提到的《第56号教室的奇迹》，都值得读。甚至，我还想推荐一部小说，叫《特别的女生萨哈拉》，比《窗边的小豆豆》好太多了。

最后，我得解释一下，为什么我不建议读陶行知，虽然我知道这会惹恼许多人——虽然这些人绝大多数都没读过陶行知的书。陶行知是匮乏时代的教育家，他的行动价值远远大于理论价值，象征意义远远大于实际效果。老一代教育家的局限，是时代的局限，也是学术的局限。虽然陶行知熟悉杜威，但是，整个二十世纪的许多研究成果还来不及收纳到他的武器库中，甚至可能还没有被写出来。后人的幸运就在于此，我们可以看到更多的教育方面的成果。

教育史更不值得读。教育哲学，在本质上就是教育史。每一次对教育哲学层面的批判，都伴随着对历史的回顾与梳理。这时候，再去了解许多细节，这是专家学者的事，让他们忙去，我们只读对我们有深刻启发的部分。

老魏，书太多了！

同意，可能教育作品，读几本就够了，多读并没有太大的意义。

那么，选几本精读吧——

1.《给教师的建议》；

2.《课程与教学的基本原理》；

3.《教育的目的》;

4.《教学勇气》;

5.《民主主义与教育》。

# 书读完了，余生主要是复习

你以为这个标题，是说货车司机？逗你玩呢。但是，对有些顶流高手来说，"书读完了"却是一个事实。至于"复习"，无论有没有读完，都应该阶段性复习，您说是不？

## 书能读完吗？

◆ ◆ ◆

在现代社会，讲到读书，我们都会讲到信息爆炸，讲到知识更新的速度惊人，面对书籍，颇有河伯望洋之叹。以前天资过人如钱钟书等前辈，那真是无所不读，连报刊都扫荡过去了。现在，也几乎不可能了。

但这并不代表着书不能读完。因为在讨论这个问题之前，我们必须明白，当我们读书的时候，我们实际地在读什么。答案是显然的，当我们在读书的时候，我们事实上是在建构一张知识地图。一旦知识地图建构完成，就意味着"书读完了"。这张知识地图当然处在变动当中，但是，不同的领域，根本性变化的周期是不一样的。

例如在教育领域，教育规律的演进，人类心理的演进，是极其缓慢的，因此，知识更新的速度就不可能快速，凡是快速的，都极有可能是泡沫。包括连同翻转课堂在内的许多新操作，都不妨一笑了之，回到千百年来颠扑不破的一些根本规律上来。例如"不愤不启，不悱不发，举一隅不以三隅反，则不复也"。现代研究的好处，是将这些总结出来的经验真正地科学化、专业化。例如，我们有一个更好的概念来把握它，叫"最近发展区"。最近一百年来，教育领域的发展是突飞猛进的，这主要不是因为教育规律的发展或者人类心理的发展发生了剧烈的变化，而是因为教育规律或人类心理千百年来积累了大量的经验，但是没有真正地在科学的意义上搞清楚它。就像一张地图，没有完成它，现在正在逐渐地完成，剩下的拼图领域已经不多了。

当然，变化缓慢并不代表没有变化。毕竟还是经历了几次比较重要的范式转型，从贵族教育到平民教育，从博雅教育到以培养合格劳动者为目的的教育，再到今天，试图以人的自由为目的的面向未来的教育。此外，例如现代性问题的出现，带来了关于神经症等一系列的研究，给教育增添了新的研究内容，这些都属于相对变化的部分。

在这种变化中，有些作品，以前可能是经典，现在已经不适用了。例如《大教学论》，或者赫尔巴特的《普通教育学》，只具有史的意义。你不能说它全无价值，但是时间有限，有更好的作品，何苦一定要到初恋那里寻找记忆呢？有些主体是有用的，就像老照片，只是色彩上要做一些修正。例如苏霍姆林斯基的《给教师的建议》，虽然是知识中心主义的产物，但学习必然是知识中心的，因此仍然很有用。不过，既然教育的目的在从知识向人转移，知识正在退居第二位，那些必要的修正是很自然的。

医疗领域也是这样的，虽然新添了流行病，但是传统的病仍然是那些。变化的，是对病的研究的进展，以及仪器的进化。诊断的准确性增加了，新的药物出现了，治疗更有效了，当然也更昂贵了。

最惨的是程序员，不得不全力拥抱变化。因为越是原理的领域，更新越慢，越是技术的领域，更新越快，而与电脑相关的产业，更新速度之快，是指数级别的，这也是这个领域不得不不断学习的原因。因此，才有人说，这是一个吃青春饭的行业。

做个老师，你担心什么？柏拉图在学园里给弟子们讲善，孔子在草地上给弟子们讲仁，所用的方法，今天仍然可能是先进的。信息技术带给教育的影响，不要小看，但更不能高估。

所以，地图画完了，书就读完了。

接下来无非是温习，在温习中熟悉，在温习中感受细微的调整。这种温习，是对天气的感知，而地图的构建，是对气候的宏观把握。

## 怎么才能把书读完？

❤ ❤ ❤

显然，要把书读完，就要学会绘制知识地图，进而形成阅读地图。就像你要尝遍中国的美食，体验一下舌尖上的中国，你不能天天在你家门口的烩面馆体验。你要仔细思考一下，问自己几个问题：

1. 中国有几大主要菜系？此外，还有哪些非主流但口碑很好的菜系？

2. 每一个菜系中，包含哪些有名的地方菜系？

3. 各个地方菜系中，都有哪些名菜？

这就像老外旅行，要走遍中国，先得搞清楚中国有多少个省，是怎么分布的，然后搞清楚每个省有多少个市，最后把每个市有名的景点梳理一遍，就构成了一张旅游地图。当然，真正旅游的时候，我们没有这么傻，我们往往是从具体的景点开始，一点一点地构成地图或走成地图，是从部分到整体，而不是刚才讲的从整体到部分。

读书也是这样。

你可以直接找到一张高品质的地图，也可以从你机缘巧合得到的最好的书入手。这本书，可能是你偶尔遇到的，更可能是你身边的高手介绍的，也可能是你跟着牛人在偷偷地学习，他读什么你读什么。读完一本好书，往往会顺着好书的介绍或者链接，顺藤摸瓜，再读下一本，再下一本，不知不觉中，地图就建构完成了。

所谓的认知地图、知识地图或者经验地图，本质上也是主题地图、概念地图。这张地图，就形成了你的经验，给你判断和解决问题提供了方向和工具，更节约了你的认知资源，让你理解和解决问题变得迅捷。

书读完了是一种说法。这里的"读完"，当然是针对"我"这个主题的需要而言。对热爱金庸武侠小说的人来说，读完"飞雪连天射白鹿，笑书神侠倚碧鸳"，就是读完了，这没什么争议。对语文老师而言，也不必去把波利亚的《怎样解题：数学思维的新方法》当成必读书目。这里的读完，是被我们的兴趣或者所从事的职业限定的。

就是说，要避免一味地埋头读书，时不时还要翻一翻地图，看看漏洞在哪里，有哪些领域构成了我们的短板，而这些领域又非常重要。同时，在读某一个观点的时候，也要注意阅读与之对立的观点，以丰富我们的认识。这样久了，就明白了，古往今来，从哲学家到帝王将相，争论的问题极其有限。对这些问题或主题的深度把握，会让我们变得游刃有余，无论是理解世界还是应对生活。否则，小圈子主义会增强固化倾向，以为在精进，实际上只是在强化偏见，这是阅读者最悲哀的事情了。

# 《如何阅读一本书》为什么过时了？

谈到怎么读书，艾德勒的《如何阅读一本书》是必然要提及的。这本书，把阅读分成了四个层次，分别是基础阅读、检视阅读、分析阅读、主题阅读，然后，详细地讲了阅读的一些策略技巧，风行多年，影响很大。

但是，你有没有意识到，可能并不存在一个各个年龄层、各个时代、各个阶层通用的读书方法？小孩子读书，与大人读书，可能方法不一样；农业时代读书，和工业时代读书，可能方法不一样；家庭主妇读书，与专家学者读书，可能方法也不一样。有没有超越各个年龄层、时代和阶层的读书方法？我觉得肯定是有的，但是描述出来，意义并不是很大。

我们今天主要聊聊，《如何阅读一本书》为什么有些过时了？

一
❤ ❤ ❤

不同年龄层次的人，读书方法差异巨大，是以前容易被忽略，现在仍然在被忽略，我作为一个阅读研究者一直在呼吁，希望融入到课程设计中的。哪怕是小学阶段，低段、中段和高段的读书方法，都不太一样。

这个系列是漫谈，不是学术讲座，我们可以稍微粗疏一点。小学生，尤其是处于具体运算阶段的小学生，与处于形式运算阶段的青少年及职场上的成年人相比，在阅读上有什么本质的差异呢？（我们先撇开休闲阅读和知识阅读的差异，更倾向于知识阅读。）

差异在于，小学生的阅读，主要是培养阅读能力的阅读，目标是"阅读自动化"。简单地说，是能读书，而不是汲取知识。在这里，阅读能力是默会的，是潜意识的，是通过海量阅读刷出来的。在这里，兴趣是首要的。而青少年的阅读，则应该以经典研读为核心（这并不否定大量的自由阅读），因为经典研读塑造了青少年的思维品质尤其是思维深度以及生命风格。海量阅读要快，经典研读则宜慢，海量阅读很舒适，经典研读很痛苦，哪怕快乐，也是痛快，痛并快乐着。因为要深入，要汲取大概念，所以经常要批注式阅读、批判式阅读、鉴赏式阅读，最优质的阅读，是连骨头都嚼碎了的酣畅淋漓。当然，现在很少有青少年这样读书，只有极少数卓越的青少年如此，我很遗憾。而成年人的阅读，则主要是主题阅读，是以解决问题为导向的阅读，以信息提取为主要方式的阅读。如果说青少年的阅读更多的是我注六经的话，成年人的阅读则更像是六经注我，功利性是非常强的。

现在有些外行，强调小学生读经典，推荐中学生读散文，呼吁成年人读经典。幸亏只有小学生听话，你让读经典就读经典，你让背诵就背诵，你让积累好词好句就积累好词好句，你让写读后感就写读后感，你让声情并茂地朗诵读书心得就声情并茂地朗诵，反正我们是祖国的未来，而你是书写者，怎么写随您了。中学生不理你，忙着刷题呢，成人不理你，忙着赚钱呢。

二

◆ ◆ ◆

每一种严肃而有价值的主张背后，都有自身的哲学，无论是教育哲学，还是生命哲学。无价值的主张，通常是大杂烩，以为所有好的东西糅在一起，就是美味的胡辣汤，殊不知……河南老乡不要打我，我是挺喜欢喝胡辣汤的。恰恰是因为你有立场，你才是有价值的，你的主张才不轻率，才有内在的同一性。

《如何阅读一本书》之所以是好书，就是因为它是严肃而有价值的，有自己鲜明的立场。这个立场，就是人文主义立场，是博雅教育立场，是有钱和有闲阶层的产物。在这个阶层，人人有钱且美。

所谓的"过时"，是个耸人听闻的说法，时代变了，说不定还会复兴。我想要表达的真实意思是，这是一个平民时代，是一个工作压力特别大的时代，是一个对创造性要求特别高的时代，是一个要求人人成为变形金刚的时代。在这个时代里，慢时代的阅读观念和阅读技术，确实要与时俱进了。

这也是在成人阅读领域，我特别强调"研究与审辨"的原因。所谓的研究，就是以主题或问题为核心的阅读，迅速地搞清楚一个领域；所谓的审辨，就是对是非对错，价值高低，是否适用，迅速地作出判断取舍。这在本质上，跟工匠的工作没有什么区别。要研究不同的树，要对树的不同部位进行快速的取舍，以便获得整体利益的最大化。在这种情况下，艾德勒的读书法就更适合学院派做研究，而很难成为职场上的制胜法宝。教师专业阅读，同样也不是很适用。

此外，艾德勒的读书法潜在的阅读对象，是类似于《西方正典》之类的入选作品，是无用而为大用类型的。这类阅读，我是建议在青少年时期（中学和大学）完成基础建设的。现在大学倡导通识教育，基本上也是这个思路。可惜不少大学，通识的经念歪了，通识成了某些学科的粗劣的综合，而不是人类核心知识的主题架构。一句话，通识教育，就应该以经典为核心，主题是经典的，承载主题的作品也应该是经典的。

# 三
▼ ▼ ▼

今天怎样阅读一本书？

作为要面对一堆"神兽"的教师，没有时间用艾德勒的读书法，更重要的是精力不济，注意力无法集中。因此，不同的书，就需要有不同的对待。研究与审辨是一以贯之的方法，但具体到不同的书，则依据语境而定。

我特别推荐的技巧，是以输出倒逼输入。

输入有几种常见方式。例如：

——快速阅读，把重点画出来，然后摘录到印象笔记或其他的电子笔记本中，以备以后用关键词检阅，这是一种输出，能够迅速地将书籍内容有选择性地结构化。

——觉得这本书实在是很重要，那么，就写一篇书评。不要说一些我好爱读书好喜欢作者好喜欢这种文风之类的废话，而是像一个冷静的旁观者，素描一般地，或者简笔画一般地，把书的主要内容用自己的话有结构地复述一遍。复述是非常有效率的一种学习方法。毕竟，读的时候很兴奋，读完就忘了。但是，复述本身可以加强记忆和结构化，并且以后稍微一翻，记忆就又活过来了。

——讲给别人，是另一种有效的方式。而且，很适合学校的读书会。读书会变成分享会，要求能把一本书的精要，或者一个章节的精要讲清楚。讲不清楚，主讲人就补充修正，这是一种费曼学习法。毕竟，我们为了把一本书讲清楚，不得不寻找框架，把书翻来翻去，无形中，学习效率就提升了。

——当然，最有用的，是化为实践。在实践中，失败催你反思调整，成功让你巩固所学知识，直至化为信念，变成你自动化反应的一部分。只有在这时候，知识才像老婆，真正是你的；否则，只是短暂的情人，或者巡回演出的艺人。

# 一文读懂杜威的《民主主义与教育》

怎么整体地把握一本书？

通常，我会问这么五个问题：

1. 这本书要解决的问题是什么？

2. 这个问题是在什么背景下被提出来的？

3. 关于这个问题，历史或同时代人有哪些看法，如何回应这些看法？

4. 对于这个问题的回答是什么？

5. 我们今天如何评估这个回答，以及获得了什么样的启发？

在《民主主义与教育》这本书中，杜威探讨的核心问题是：教育的目的是什么？

围绕着这个问题，形成了一组相互联结的子问题：

1. 教育与生活（社会）的关系是什么？

2. 教育的价值取向应该是什么？

3. 教育应该如何选择内容？

4. 传统的教学方法应该作出哪些改变？

一

◆ ◆ ◆

这个问题是在什么背景下被提出来的？

杜威生活的年代，是美国正从农业社会向工业化社会转折的时期，是一个热火朝天的时代。

1800 年，当蒸汽动力、机器和工厂已经使英国成为世界上头号工业国的时候，美国仍然是个农业社会，其为数甚少的工业产品都是在家庭和小工场里用手工制造的，或者是从英国进口的。住在有 2500 人以上的城镇的居民数只占人口总数的 6%，而且这个百分比持续了一个多世纪。（取自网络）

1861 开始的持续四年多的南北战争，北方工业资本主义取得胜利。整个十九世纪，美国人不像欧洲人那样墨守妨碍变革的传统和陈规旧习。革命的传统和共和主义思想使他们感到自己是新型的、与众不同的人。他们有意识地使自己向前看，而不是向后看；他们重视变革而轻视传统，他们公开宣称自己信仰"进步""发展"和"改革"。

在十九世纪中叶，美国（不包括南部），是世界上现代化速度最快的国家。

1839 年，美国建立了第一所培训教师的师范学校。1852 年，通过了第一部义务教育法。

1857 年，马萨诸塞州主管学校的负责人写道：教育的基本任务之一是"通过每天灌输伦理道德和宗教信条"，"培养组织纪律、遵守时间、坚忍不拔和刻苦勤奋的习惯"。由此可见，当时的教育尽管还带有浓厚的宗教色彩，许多教育改革者已开始用更为世俗的眼光来看待学校的作用。尤其是霍勒斯·曼，他已经用现代化的观点来看待学校，认为学校是使经济增长和社会变化的动力。1848 年他写道："教育是使国家资源发展或扩大的伟大动力，它比政治经济学家的著作中提到的任何一种生产因素都更强大，是一个国家的总财富中最有效益的资本。"学校教育还给予贫民为现代资本主义经济所需要的价值观和技能，从而也提高了他们的经济地位。教育"更能使穷人消除对富人的仇恨，并能使他们摆脱贫困"。这一说法可能过于乐观，但确实反映了美国大多数人把教育看成是提高社会地位的手段。（取自网络）

而杜威生于 1859 年。

所以，杜威生活在一个崇尚进步主义、实用主义的时代，这个时代在呼唤与之相应的教育哲学，杜威恰逢其时地成为这种教育哲学的代表人物，成为一代巨匠。

## 二

❖ ❖ ❖

所以，杜威问：教育的目的是什么？

实际上是在问：在我们这个时代，美国教育往哪里去？

而关于这个问题，已经有了一些经典的回答。在这些回答中，最为经典的回答分别源自柏拉图、卢梭、黑格尔。

柏拉图说：当一个社会中每个人都能根据自己的天然禀赋做有益于别人的事情时，社会这个组织就能稳固不变；教育的任务在于发现一个人的天然禀赋并循序渐进地加以训练，最后把其应用于社会。

柏拉图的"正义"，是围绕着终极目的（永恒的善）、各种活动的正确的界限和恰当的分配。

柏拉图的逻辑是这样的——

首先，有一个超越一切（时间和空间）的永恒的不变的目的，即至善。

人类需要根据这个目的，去组织一个有秩序的社会。

在这个社会中，不同的人被安排在不同的位置，承担不同的角色。

教育的目的，是针对不同的角色，提供不同的教育，并维持这种稳定。

做到了，这就是一个稳固和谐的社会。

打个比方，就像一个班级，班主任就仿佛上天，负责提供"至善"——最高目的，同学们不用考虑，听他安排就是了。

A同学，高度理性，你做班长最合适了，成为一个班级的立法者，负责安排一切。这叫哲学王，班级里的统治者。

B同学，充满激情，慷慨大方，开朗自信，英勇果敢，你做体育委员最合适了，如果有外班同学敢欺负我们班同学，你就负责打回去，保护我们班同学的安全。为了更好地履行义务，你可别谈恋爱啊。这叫战士。

C同学，比较感性，善解人意，你就做生活委员好了。

在柏拉图看来，人由理性、激情和感性组成，但是，每个人都有天生的倾向性，你做你自己就好了，这样，你会幸福快乐，社会会和谐安定。

——不对，问题来了，那班上其他人呢？

对不起，奴隶还不能被称为人。

杜威说了：等等，柏老师，我有几个问题——

1.你说咱们班到底朝哪个方向走，即所谓的班级愿景，是在班级成立之前就已经形成的呢，还是在大家共同进步发展中逐渐明确或涌现出来的呢？

2. 另外，谁说只有 A 同学能当班长？就因为他爸爸是校长吗？D 同学他爸妈虽然是开淘宝网店的，但不代表人家就当不了班长啊！你都不给人家机会，怎么甚至在人家出生前就预先下这个结论呢？我觉得应该采用项目制，人人都有机会通过竞争承担任何岗位。总之，我们要民主，社会要民主。

这个争论，就是理性主义与进化论之间的争执。

谁对？都对。一切真理，都是处境中的真理，并且，往往都是事后辩护。在西方有个柏拉图，在东方有个孔子，差异很大，但是有共同性。孔子会说，别闹了，人家做君主，那是有道理的，生活要幸福，社会要和谐，就得君君臣臣父父子子。你看，一个国家有君王，就像一个家里有家长吧？你不能不听你爸的话吧？儿子听爸爸的话，老婆听老公的话，这家庭就容易美满和谐。

到了十八世纪，又出来一个人，叫卢梭。

卢梭一脸崇拜地说，我觉得柏老师讲得好有道理啊！教育就应该顺应人的自然天性。那么，凡是压抑天性的东西，就是不合理的！我的这个想法叫什么好呢？对了，就叫"人道主义"。

但是啊，柏老师讲的，我也有点小小的异议——

咱把上天改成自然行不？伟大的牛顿老师已经向我们展示了

自然的神奇与秩序。啥叫真理？真理如果是至善的话，那么至善就是自然啊。

另外，城邦啊，国家啊，社会啊，都可能会妨碍人的自然天性的发挥。你看看这个社会，最早的时候，没有国家，那是黄金时代，现在，太腐朽了，我们要把青年从这些外部枷锁中解放出来，在自然中去自由呼吸。什么？人与人之间怎么相处？订个契约啊。

如果卢梭穿越时空遇到了老子，一定会如遇知音般一醉方休。"大道废，有仁义"，庄子也会跟着附和：对，我们要摆脱一切外在的束缚，像大鹏一样，逍遥游，从北冥飞到南冥，达到彻底的自由。陶渊明也会跟着附和：讲得太好了！我都想吟诗了，"久在樊笼里，复得返自然"。

杜威说了：卢老师啊，你讲解放，讲自由，不，讲自然，这都很好，青年们很喜欢，最好不用上学，天天去晒太阳。问题是，娜拉出走以后怎么办？我发现啊，自然以后，他们好像更容易放纵自己，这是不是有点剑走偏锋呢？

卢梭快死的时候，黑格尔 8 岁了。

黑格尔说：卢老师，你看看你把学生都影响成啥样子了？上课一副葛优瘫，还说这是自然。还有，你说整天臭烘烘来上学，连个澡都不洗，这是人还是猪啊？自然倒是自然了，只是，总觉得哪里不对劲。我们再研究一下柏老师的思想，之前可能理解有点问题。

我觉得呢，讲理性可能没有错。错在哪里呢？柏老师可能错在没有用发展的眼光看问题。我们呢，应该把人格的完满实现与对现存制度的彻底服从结合起来，并放在历史发展的长河中去理解。整个人类的发展，不是静止的，是朝向终极目标的伟大的运动。个人的自由，就是在这个运动中实现的。

康德举起手来：附议。

这时候，民族国家开始兴起了。或者说，国家主义开始兴起了。一群教育家就开始琢磨了，老大喜欢听话的人，再说了，这国家与国家之间，很不安全。这教育，确实不能太自由了，它本身是社会的功能啊。教育的目的，就是实现民族的复兴！因此，我们要有大国自信，而个人应该是螺丝，确保国家这个大机器的运行。

大家听着很有道理，纷纷鼓掌。

杜威说了：可能什么地方有点不对劲。我首先声明，我是美国梦的坚定不移的拥趸者。

我就问一个小小的问题，能不能把教育的社会目的和国家目的等同起来呢？怎么保证国家意志（政府意志），不会妨碍教育过程中的社会目标呢？这会不会演变为一小部分人对大部分人的盘剥，而不是创造一个更好的共同生活（这是社会目的）？

# 三

◆ ◆ ◆

在考察了人类历史上关于教育的主流观点后，杜威回答了"教育的目的"这个问题。

杜威说了，其实，教育是没有目的的。

教育没有目的？那学校咋不关门呢？不行，你作为一个教育家，一定要跟我说个教育的目的。我们究竟是要把学生培养成社会合格公民呢，还是让他们顺其自然地释放天性？

杜威说，好吧，一定要给教育一个目的的话，那么，教育的目的就是自身。什么？还听不懂？教育的目的，就是生长，永无止境地生长！

专业地说，两条——

1. 教育过程本身就是目的，教育过程之外不存在目的；
2. 教育过程是一个持续重组、持续建构和持续转变的过程。

柏拉图说了：不对吧？教育的目的，难道不是为成年以后作准备吗？例如，现在辛苦地刷题，不就是为了高考吗？我们设立教学大纲，不就是为了培养社会合格公民吗？让学生像落花生那样，成为对社会有用的人。

杜威会怎么回应？

对不起，儿童永远是生活在当下的。你告诉一年级儿童，读这个绘本是为了识字，以便将来报效祖国，儿童不会明白。既然将来有用，我将来再学行不？

这样你就没招了，只能说，你读了，我就奖励你，给你发小红花，你不读，我就惩罚你，站在教室后面去。要知道啊，"吃得苦中苦，方为人上人"。

所以，不是为了将来，而是尽可能地拓展现在的生活，使之丰富和有意义，这就是为将来作准备啊。

黑格尔说了：实际上，教育即展现。儿童的生命就像一粒种子，一切的理想与可能性都包含在里面了，因此，需要唤醒，让他们逐渐展现出来。

福禄培尔附议。

显然，在哲学上，这是先验论的。

这就麻烦了，因为这种观点，将理性主义与进化论结合起来了。最终，又意味着遵守外来的命令，而不是遵循自然的成长。

当然，这条路上的，还有卢梭、史代纳等人。

还有一种观点，源自洛克的白板说。

在洛克看来，心灵就是一张白纸，好画最美的图画。换句话说，孩子是训练出来的，你想让他啥样就啥样。这在教育学上，叫形式训练说。

形式训练说的逻辑很简单：外部世界，通过我们被动的感官给我们提供材料或知识内容，而我们的心智有一定数量的现成能力，例如注意力、观察力、记忆力、比较能力、抽象能力、综合能力等。举个例子，思维能力，就可以通过数学得到锻炼。

这是一种二元论，心与物是分开的，一个提供材料，一个提供形式。

听上去很美，是不是？例如，我们可以通过训练背诵圆周率来训练记忆力呀，训练出来后，以后再记功课，不就不费吹灰之力了吗？

然后杜威说了——

并不存在这种所谓的先天固有的心理能力。虽然确实存在着天赋倾向和各种本能行动模式。

你用手去抓一个东西，你其实不只是在用手抓，你的全身，包括大脑甚至尤其是大脑，都不同程度地参与了，这是一种复杂反应。并不存在说，某些特定的器官，负责某些特定的事情，某些特定的能力，只对某些特定的刺激作出反应。

反应和刺激的相互适应愈加专门化（因为考虑到活动的顺序，反应适应刺激，刺激也适应反应），所获得的训练就愈加刻板，愈加不易普遍应用。换言之，训练的、理智的或教育的性质就愈少。这个事实的通常说法就是，反应愈加专门化，在练习和完善这个反应中所获得的技能，愈加不容易转移到其他行为方式中。按照正统的形式训练理论，一个学生在学习拼法时，除拼写那个特殊的词的能力以外，不增强观察、注意和回忆的能力，在需要这些能力时，都能加以运用。事实上，如果学生愈加限于注意和注视词的形式，而不顾这个词和其他事物的联系（例如词的意义，习惯使用时的上下文关系，词语的派生和分类等），这个学生除了注意词的视觉形式之外，愈少获得可以用于其他事情的能力。他甚至不能用此增加辨别几何图形的能力，更不用说一般的观察能力了。这个学生只是选择字形所给的刺激以及口读默写的运动反应。协调的范围极其有限。当学生仅仅练习字母和词的形式时，有意识地排除在其他观察和回忆（或再生）中所用的联系。这些联系被排除以后，需要时不能恢复。他所获得的观察和回忆词语形式的能力，不能用来观察和回忆其他事物。用通常的话来说，这种能力不能迁移。但是，前后的关联愈宽广——就是说，协调的刺激和反应愈多样化——获得的能力愈能用来有效地完成其他行为；严格地说，不是因为有任何"迁移"，而是因为在特殊的行为中所利用的大量因素，等于范围广泛的活动，等于灵活的而不是狭隘的和呆板的协调作用。

归根结底，形式训练理论的基本谬误是它的二元论。这就是说，这个理论把人的活动和能力与所用的材料分离开来。其实我们并没有所谓一般的看、听或记忆的能力；我们只有看、听或记忆某种东西的能力。离开练习所用的材料，一般的心理的和身体的能力的训练全是废话。

我们训练拼法能力有两种方法，一种仅注意狭隘的上下文中的视觉形状，训练拼字的能力，一种联系需要领会意义的活动，如上下文、词源等来看视觉形状，训练拼写能力。这两种训练方法的区别，可以和在健身房练习举重来"发展"某些肌肉和竞技或运动游戏的差别相比较。前一种训练是不变的、机械的，它是呆板的、专门化的。后一种训练是时刻变化的，没有两个动作完全相同；必须对付新的突发事件；形成的协调必须是灵活的，有伸缩性的。所以，这种训练是比较"一般的"；换句话说，它包含较广的范围，包含更多的因素。心智的专门教育和普通教育，完全和这两种操练的区别相似。

单调的没有变化的练习，可以通过练习在一种特别的动作上获得高度技能。但是，这种技能，不管是簿记，或对数的运算，或关于碳氧化合物的试验，都限于这种特别的动作。一个人也许是某个领域的权威，但是，除非他在专门领域的训练和其他领域所用的材料有关系，否则对于其他没有密切联系的事情，其判断力的拙劣也许超过一般的程度。

举个例子，一个数学教授，思维水平应该很高了吧，但很可能进了菜市场，就跟傻瓜一样，智商明显不够用。

诗词大会、汉字大会、读经运动、速读术、记忆术……问题均在于此。

以记忆为例，记忆的本质不在于术，不在于记忆的技巧，而在于理解。记住圆周率不需要理解，由此培养出来的记忆力，也无法有效地迁移到其他领域。

总结一下：

教育不是从外部以某种标准塑造儿童。

教育也不是像种子一样展开，或者复演人类历史。

从某种意义上讲，教育可以被看作是经验的重构或重组。这其实就是进化论的思想。人类压根没想过要发明电脑，电脑的出现是在人类社会某个阶段自然而然地根据需要涌现出来的。就好像我曾经做校长，不是我父母安排的，也不是基因里有这个，而是在经验不断的重组中自然形成的。

所以，教育无目的，教育的目的，就是发展本身，成长本身。

# 四

那么，民主主义与教育有什么关系？

卢梭的自然主义观点，重视了天性，但是忽略了社会性；国家主义又以国家代替了人类社会，走向了另一个极端。真正民主的社会，既尊重个人差异，又注重共识，此之谓"和而不同"。不是团体操，也不是自由散漫，而是交响乐。

如此，民主是自由教育的保障，而自由教育也是民主的保障。

因此，要落实社会主义核心价值观，实现中国梦，杜威的《民主主义与教育》，应该成为重要的思想资源。

您说是不?

## 有时候，你需要放下手中的书

文字的发明，书籍的出现，这是文明进程中的重大事件。因为这意味着人类大量的经验不必直接授予，而可以用符号的方式保存和传递，从而大大地提升了发展的效率。这就如同货币的发明，使得人类摆脱了以物易物的局限一样，是了不起的成就。

但是，这也很容易带来幻觉，阅读了文字，会背诵了，在逻辑上理解了，就以为洞悉了事理万物，可以指点江山了。殊不知，文字，或者理论，与真正的经验之间，还隔着千山万水。因为理论永远是灰色的或片面的，而经验之树常青，或者说是全息的。

这并非宣扬"读书无用论"，恰恰相反，读书非常有用，十分经济。问题在于，书籍是用来烛照实践的，但有时候人会在文字的光芒中迷失，如同飞蛾扑火。

# 一

♦ ♦ ♦

为什么会这样？

因为人类本能地追逐安全感。在阅读的时候，人是安全的，逻辑的自洽，论证的优美，情感的充沛，犹如生活在理念世界或精灵王国。而真实的生活并不考虑书上怎么写，充满了意外和不确定，你无法把握每一个细节。

这如同叶公好龙。墙上的龙，床上的龙，衣服上的龙，是美丽且安全的，而真正的龙则是粗野的，是不受叶公意志控制的。所以叶公会恐惧，会逃避，很难鼓起勇气去冒险，跟真龙沟通一下，说不定从此就进入到另一个世界。

可以设想一下，如果没有真龙的来临，叶公该是何等的自信，天下还有像我这样爱龙、了解龙的人吗？

问题是，真爱龙的话，你就得勇敢地面对真龙，甚至主动去寻找真龙。直到不但不恐惧真龙，而且每找到一条龙，就会油然而生一种兴奋。实际上，恐惧是难免的，但兴奋也是真爱龙者的反应。在你与龙的关系中，充满了风险。你可能会受伤，甚至死亡，当然也可能会驾驭龙，在空中飞翔。但是，忍受这种不确定性，是你驭龙而飞的唯一路径，你回避了风险，也就回避了自由。

总体来讲，活着就是一种冒险。而在活着的过程中，风险无处不在。小到过一次马路，大到建立一段关系。确实有许多人，为了回避风险，干脆连关系也不建立了。

在这种心理驱使下，读书很容易成为一个安全的港湾。"腹有诗书气自华"，整个人很容易膨胀起来，自我感觉良好。不过，真正地面对事务，一门学科，一个班级，一所学校，哪怕只是一件小事，可能突然会发现"百无一用是书生"。

被不恰当的读书锁闭进精灵世界后，与生活世界之间的关联就变得脆弱了。一边是"骄傲的巨人"，一边是"无能的小人"。意识到这一点，未必会带来反思，可能带来的是对现实的进一步抵抗，对骄傲的进一步强化。一个虚弱而自欺的人，就逐渐形成了。

伴随着虚弱，出现了新的解释模式，即"我"是没有问题的，是"现实"太黑暗了。进而，我们会幻想一个乌托邦，在那里，我们的理想，会像七月的热带植物一样，迅速地蔓延开来。

虚弱的读书人，往往是怨愤的。

## 二

◆ ◆ ◆

因此，我经常劝一些"读书人"，放下书，去真正地生活，而不要把书当成生活。

去战斗，在每一个战场，赢得一场又一场的胜利。你会恐惧，会逃避，会怨怒，但是，你也有可能在不断的胜利和失败中增长经验和恢复勇气。

直到有一天，你忽然就明白了，实际上，所谓的真龙，没什么可怕的，真正影响你的不是真龙，而是你对真龙的恐惧。

直到有一天，你忽然就渴望了，你无法忍受确定的生活，无法忍受墙上那条龙，而渴望不断地遭遇到形形色色的越来越厉害的真龙。

在这个过程中，你开始重新渴望阅读，但你甚至感觉不到自己在阅读。因为占据你生命重心的，不是书上的东西，而是现实中的问题。你阅读，只是借以启发自身，发展对问题的理解，借助别人更广泛的经验来丰富自身，以提升解决问题的水平。

甚至在一些时候，问题不再只是来自外部，甚至主要不是来自外部，而是来自自身之内。于是，你也可能借助阅读来理解自身：情绪、智力、格局、个性……在这种阅读中，生命本身被拓展了，渐渐地由小溪变成了大河，由大河变成了大江，甚至有可能变成宽阔的海洋。

最终，你有可能抵达自由之境，即对自身已经有相当了解，刻意地通过一些训练，不断地调整自己的大脑，就像高明的机械师调整一台机器一样。

往往在这些时候，你读的书，比任何时候都要多。但现在，书籍不再让你虚弱，而成为力量之源。

一旦意识到这一点，当我们将知识带给孩子们的时候，也同时赋予知识以能量。今天的学校教育，传递或灌输了太多静态的缺乏生命力的知识，而缺乏一种自觉，通过对现实的利用，通过相应的课程设计，让知识在课堂上活起来，在生活中活起来，在孩子的生命中活起来。

这不但需要对知识本身的理解，也需要相应的教学勇气。

不是吗？

天地如此广阔，终有一天，你的内心会有一个声音，在对你全部的生命发出邀请：

欢迎来到真实的世界！

第
四
辑

寻找属于
自己的生命之书

## 读过的好书，怎么才能不轻易忘记？

我指的不是读有难度的经典，例如《论语》或《人间词话》（需要另文来讲）；也不是指消遣读物，那些甚至适合"风吹哪页读哪页"；而更多的是指工具方法观念类书籍，例如《异类》《影响力》《关键对话》等。

阅读这类书，经常的情况是：激动地买了，激动地读了，慢慢地忘了……如此反复，而生活并不因此发生改变。我们自己在解释时会说"条件不具备""写得天花乱坠其实不实用""我就是坚持不了，缺乏意志力"，等等。

如何避免或减少这种情况？（我们先假设买到了正确的书，市面上此类书大部分首先是"不正确的"。）

一

▼ ▼ ▼

在解决问题之前，先要明白，这类书是如何作用于我们的？就是说，假如它对我们是有益的，它会以怎样的方式发挥作用？

我经常自己做饭。如果我要做一个从来没有做过的菜，我会怎么办？

第一步：上网搜索选择合适的菜谱。——这是为解决问题寻找合宜的"书"。

第二步：看明白菜谱中对材料的要求，然后严格按上面列举的步骤来做。——这是理解一本"书"的结构。

第三步：炒出来后品尝，总结经验教训。如果炒得不好，就将炒菜过程与菜谱对照，找出遗漏或搞反的环节，以便下次进行修正；如果炒得很好，就形成模式，下次继续这样操作或进行改进。——这是对"书"中知识的运用和反思调整。

"菜谱阅读"为什么是有效的？因为在这里，每一个环节都是清晰的和可把握的。1.为解决问题而寻找合适的菜谱的过程是清晰的。比如我的材料是茄子，我就找与茄子有关的菜谱，再选择是凉拌还是红烧。2.我迅速就领会了料理茄子应该具有的时间性的动作结构，即一组前后相连的有因果关系的动作。并且，我模仿这个动作进行操作。3.我对结果进行评估，根据结果修正动作结构，使之更完善。并且，只要我愿意，可以在漫长的岁月中不断地修正，甚至做一些变化，直至创造出菜谱中没有的结构。

但不是所有问题都像菜谱这么简洁明了，教育领域更是如此。举个例子，如果你是一个校长（或班主任），要解决管理问题，你会面临海量的图书，在这些图书中，哪些更能够解决你的问题？这本身就是非常棘手的。就是说，能找到合适的"菜谱"，就需要经验，是个技术活。

而这显然不是最难的，最难的是理解书中所包含的那个"动作结构"，通常也被称为观念、逻辑结构、操作结构。一本书的实质，就是一种结构，书的写作就是结构的展开。而阅读就是进入和理解这种结构，并将这种结构吸纳到自己原有的经验结构中去，此之谓"建构"。建构这一结构，是真正的难点。本来工具类图书，理解应该不难，但是，最终难以建构成为自己的结构有种种原因，其中之一就是仿佛在公园里漫游，每一步都赏心悦目，但是却无法建构起一张公园的地图来。

二

❤ ❤ ❤

那么，在基本能读懂的情况下，如何理解（吸收）一本书？

这可以讲很多……但我知道你没有耐心。所以，我给一个最简单的方法：将一本书至少读两遍。

第一遍，热读。

即一口气读完，你分两口气三口气当然也没有关系，就是很快地读完第一遍。在这里有几个关键动作：将特别吸引你的例子，或重要的结论，或有启发性的段落画出来。有感想或联想到什么，也可以快速记录在书上。（而不是另外的地方，除非书是借来的。）

第二遍，跳读。

读完一本书后，立即读第二遍，或者在一周内开始读第二遍，不要等印象模糊了再读，两遍间距越小越好。

第二遍读的时候，先重点读"前言""后记"等（当然，也有些书不值得读这些），然后开始跳读，即只读自己画线和批注的部分。如果读得有了新感觉，个别没画线的部分也可以再次补读，可能会有新的发现。这一遍读的时候要慢，但因为是跳读，整体速度仍然可能快于第一遍。

这一遍有两个目的：一是通常勾画的重点有意无意地将书的

结构提取出来了，对这些结构性语句的重新阅读，有助于完成全书的结构化。而这一遍读得稍慢，正是为了通过思维的前后往复，内化这本书的结构。二是慢下来，有助于将这本书与自己的问题结合起来，通过书的刺激，形成解决自身问题的好的想法（灵感），这些想法要及时地记录下来。书读完后，可以对这些想法再进行深加工，就有可能促成有价值的实践。

可能一开始会有些问题，但是练习久了，结构化能力就增强了。

貌似简单，却很难形成习惯。为什么？

因为一般人一旦进入这类阅读，就会无意识中期待尽快读完（这跟读引人入胜的小说不同）。一旦读完了，就缺乏足够的思考意志对书中的知识进行深化加工。甚至会满足于"我读了一本书"这样的成就感中，而忽视了读书的目的。

# 三

实际上，上述读法还有升级版。

有几种办法可以进一步促成理解乃至于改变行动。一是与别人分享，将书中的内容讲给周围的人。往往在讲述的时候，就会发现自己没有弄明白的地方，或者对整个结构并未了然于胸。但是，在阅读过程中，想着这么好的东西要与别人分享，本身就会让你在阅读时作这种准备，从而提升阅读的专注度。

更重要的一种方法，是不要停止阅读，换一本或多本类似的书。例如，我在读德鲁克的管理书籍的时候，觉得写得真好啊，就赶紧找他另外的凡是能买到的书来阅读。因为在他几乎所有的管理类书籍的背后，都有着相同的管理思想或者说思想结构，这样，我虽然读了不同的书，但是却是在温习同样的结构，而且对结构的理解，或者说对他的思想的理解，更为灵活和生动。最后，我还会去读类似《旁观者：管理大师德鲁克回忆录》这样的书，了解德鲁克的生活及生活环境，这样有助于理解他思想的形成。

再举个例子，在班级管理方面，类似的好书如果读上若干本，会发现有些技巧被反复使用，有些原理被反复强调，那么不知不觉地，这些技巧和原理就会深入我们的潜意识，化为我们技巧的一部分。毕竟，除非阅读最终作用于我们的潜意识，否则知识只是被堆积在大脑中而已。

此外，读一些观念有分歧的书，反而能够增进对某一观念或问题的深刻理解。

上述第二种方法，实际上接近于一种主题阅读。

第三种方法，就是照猫画虎，将书上的方法照搬或改造到自己的生活中，再根据实际情况加以改进。不错，有时候会失败，会遭受挫折。但更多的时候，并不会失败，只是改进没有那么明显而已。而没有那么明显的原因，往往是在实践中不能保持执行的深度或力度（这是我的经验）。如果你尽可能将每一个"动作"做到位，那么，实践效果就会显著提升。哪怕效果不明显甚至失败了，也有助于反思，并增进对书的进一步理解。

　　这只是我个人的经验，你要不要试试？

# 教师应该怎么阅读心理学作品？

准确地说，心理学依赖的，主要不是阅读，而是体察。一颗迟钝的心，是无论如何也无法理解心理学的。而更为有意思的是，我们对心理学的理解，往往跟我们自身的心理情结有关。举个例子，我们自身若有自卑情结，就对自卑情结的人特别敏感，也特别能理解。如果自己的班上有这样的孩子，也容易得到比较好的对待。

心理学家往往是这样造就的，是你的特点塑造了你。阿德勒身休有残疾，我们读到了《自卑与超越》；弗兰克尔进过集中营，经历过极端处境，我们读到了《寻找生命的意义》；弗洛伊德是个刻板压抑的维多利亚时代的绅士，我们读到了《梦的解析》；荣格从小古怪而忧郁，喜爱白日梦，我们才看到了有关集体无意识的研究。当然，心理学家也并不都是有疾病的，也有健康得过分又智力超常的，像马斯洛这样，所以就有了《动机与人格》，开了积极心理学的先河。

我们喜欢的作品里，有着我们自己的影子，学术作品自然也不例外。

一

◆　◆　◆

心理学最好的入门读物，乃是文学。

这里无形中也暴露了一个小秘密：要学好文本解读，一定要有心理学基础。为什么文学是心理学最好的入门读物呢？因为文学作品本来就在塑造鲜明形象的人。而从原型的角度，人的形象是有限的，因此文学作品，尤其是经典作品，往往给我们提供了人的原型。

比如你会从萧峰想到俄狄浦斯，从段誉想到贾宝玉，从谢逊想到亚哈船长，从洪七公想到济公。黄蓉爱郭靖？这算什么组合？啊哈，我明白了！穆念慈爱上杨康，看来也不是不可以理解；小师妹爱上小林子，原来她不是令狐师兄的菜；铁头偏偏为阿紫神魂颠倒，也没什么古怪的。读《连城诀》？这简直是病态心理学教科书。一套金庸读透亮了，人性就揣摩明白了，也就不用读心理学了。

《呼啸山庄》比《简·爱》，更像心理学；喜欢《简·爱》的人，一定喜欢《平凡的世界》和《荆棘鸟》。卓越的或伟大的作品控制我们，就像我们用小红花控制幼儿园的小朋友。一切真正的文学，本质上都是诗，或者是叙事诗，或者是抒情诗。总之，都是用某种方式昭示命运，让我们在某一瞬间产生某种喜悦或惊惧。

一般而言，我们喜欢一部作品，却往往并不知道为什么喜欢，我们只是被作品捕获，犹如被命运捕获。连很小的孩子不知疲倦数十遍地看一个绘本，也往往预示着绘本中包含了他的生命密码。而一旦我们从心理学入门读文学时，或者用心理学的眼光审视文学时，我们就获得了一种深刻的洞见——对文学对我们潜意识的捕获的超越或者反捕获，我们识破了命运的把戏，从阅读中获得了自由，这就是破译，就是把文学当成了心理学作品来读。

而这一点，在某种文学作品中，显然更为明显，例如童话、神话，以及某种类型的寓言。

这是一个极佳的入口，你可以从童话或神话的解读中，看到明媚的意识层面之下那暗涌着的潜意识世界，并识别出不同的原型。而纷繁复杂的人性世界，就是从这肥沃的土壤中涌现出来的。所以，几乎所有伟大的精神分析学家，都是天然的童话或神话的解读者。

许多童书研究者和推广人，喜欢从文学角度去看一本童书，因此读的许多相关作品，都是文学性的解读，这是非常遗憾的。容我诚恳且惊世骇俗地告诉你们，文学不是童年的主色调，文学是属于青春的。儿童文学是一个相当荒诞的说法，儿童是以故事为营养的，他们在动词中成长，还无法领略形容词所带来的优美与崇高。

## 二

❖　❖　❖

"兴于诗，立于礼，成于乐"，这同样很适合心理学阅读。我们必须先去感受和领略人性深处的幽暗神秘，然后，才有可能看到它的骨骼脉络，并最终穿越纪律，获得一种自由的眼光。

然而，心理学堂奥很深，高校里学习的心理学，和普通民众接触的心理学，简直就是风马牛不相及。而作为教师要阅读的心理学，又与前两者有很大的差别。一般来讲，我们需要心理学来帮我们理解、解释和解决诸如下面这些问题：

1. 不同性格类型的学生，究竟是如何形成的，拥有怎样的内在的心理结构？

2.概念的内在结构是什么？它是如何形成的？儿童是如何学习的？

3.究竟是什么驱使着儿童做某事或不做某事？怎么激发儿童内在的长久的动机？

4.儿童的一些常见的心理问题是如何形成的？应该怎么理解和解决？

显然，这意味着，与原型理论相关的精神分析心理学，与学习相关的认知心理学，与动机、意义与人格相关的积极心理学，可能成为研究与阅读的重点。不过，在这三个概念的背后，是一大堆列举不尽的心理学领域的名称，可以说非常的复杂，到底，要怎么读？

我的经验是，选几本精研就可以了。哪几本适合精研？

1.埃里克森的《同一性：青少年与危机》。

这本书的价值，就在于它是一个综合性的整合性的心理学作品，就是那种每隔一段时间会出现的集大成的作品，把前面许多著名心理学家的成果，整合融汇到一个框架中。弄清楚了这个框架，再通过各个流派的心理学深入细节，不失为一条捷径。

2.马斯洛的《动机与人格》。

怎么激励学生？生命的意义到底是什么？不同的人格究竟是如何形成的？那些有伟大成就的人，都具有怎样的特质？智商高得吓人的马斯洛，对这些问题做出了出色的研究。他所提出来的

"需求层次论"，和埃里克森的发展八阶段理论一样，是极具生命力的整合性框架。可以说，现在的许多研究，例如成长性思维之类，都没有超出马斯洛的范畴，是在为他的研究做注脚，而马斯洛要讲得精彩得多。其中关于自我实现的人的描述，可以成为一面镜子。

3. 皮亚杰的《儿童心理学》与维果茨基的《思维与语言》。

这一对宝贝组合，是认知心理学的精髓所在。今天无论相关研究有多大的进展，脑科学研究的工具有多先进，认知加工之类的研究有多厉害，都取代不了这两本书的价值。并且，它们是在实验条件很简陋的情况下做出来的研究，对人类的智力，是一个挑战。

这几本书看明白了，再看相关领域，就是居高临下，势如破竹。

## 三

▼　▼　▼

然而，很不容易懂，对不对？太不容易懂了，是不是？

你觉得懂，很可能是自以为懂，但实际上要真正地化为内在的认知，确实是有难度的。这就像爬难爬的山，是要有一些条件的。例如，读上面几本书，至少还要有一些哲学上的准备。毕竟，你能看到什么，能看多深，是被观念决定的。

哎，前面说到文学，一下子又跳到了如此难读的心理学原著，有没有一些中间的过渡呢？

有时候，确实是需要一些跳板。这时候就要注意了——

1. 你要选择的通俗类心理学读物的作者，应该是非常有名的心理学家，即要选择所谓的"大家小书"。

2. 尽量选择国外学者写的心理学作品。虽然现在国内也有几位比较好的心理学家，但整体而言，水平与国外的心理学家不可同日而语。

如果还不明白，没关系，还可以看心理学电影以及美剧。人性是一道风景，深邃幽暗，远甚于大自然。心理学往往能够帮我们学会接纳，理解生命本身的多样性，并知道如何自如地应对教室里的每一个孩子。

最重要的是，心理学是自我认识的最重要的通道，没有之一。如果没有一种真正意义上的自我认知，或者说元认知、元反思，我们将会不自觉地被锁闭在自己的命运里。一旦我们识别出了自己的命运，就像西绪弗斯，那让我们劳累终生的巨石，将真正地停留在山顶。

# 我们今天怎样做老师？

《肖申克的救赎》中，有一段话特别地诛心。它说体制就是高墙，一开始你讨厌它、反抗它，后来你适应它、服从它，最后你依赖它、离不开它，甚至捍卫它。那么，什么是体制？任何工作，本质上都是一种体制，教师这个行业也不例外。

久之，这个人群非常抗拒变化，抗拒变化带来的不确定性。对变化的抵抗，本质上是不想跳出舒适区。但是，舒适区并不是真的舒适，因为这不是一种稳定的自由的舒适，是一种在体制下苟且的舒适。就像一个孩子，他不想学习，一上课就睡觉，但你以为他睡得舒适吗？不，他睡得很没有安全感，也睡得很没有成就感，所以，这样的生活他并不满意，强迫他听课他更不满意，这就是被动的人生的真实状态。所以，他一边睡，一边还在抱怨。因为毕竟学习也没学好，觉也没睡好，怎么能不怨气冲冲？

这种不上不下的状态非常的普遍。就像谈恋爱，既没有办法深爱，不是自己完全心仪的，又不敢轻易分手，怕过了这个村没这个店。就这样，千里姻缘一线牵，这根线，太脆弱了。

一

❤ ❤ ❤

所以，我们今天怎样做老师？对今天的老师来说，是一个挑战。你可以不思考它，但你注定成为某种样子。在不思考的情况下，我们一定是被环境和本能交互决定的，是被充分体制化的，当然，也有极小的可能相反。而在思考的情况下，我们就有可能基于自身的处境，作出明智的选择。

这一思考领域，我们称之为"职业认同"，是处理我们与职业的关系，或者说我们对待职业的态度的。对待职业的态度就像婚姻，也是各种形态。有些人是先恋爱后结婚，幸福美满。有些人是恋爱时充满憧憬，结婚后才发现进了围城，恨不得立马分道扬镳。有些人本来就没爱人，迫于生活需要而结婚搭伙。还有些人本来是被迫结婚，最后竟然爱上对方了。

职业认同要处理的问题，基本上是三类：

1. 我要怎样对待这份工作？是一项不得不承受的负担，一件必须完成的公平交易，还是一份我想要热烈地投入其中的事业？

2. 我怎么理解我和学生的关系？是我与他的契约关系？我与他的信任关系？或者兼而有之？

3. 我怎么理解我和知识的关系？知识是有待传递的物品吗？是在师生围绕着问题共同探索的过程中涌现出来的吗？

对这些问题的不同思考和回答，决定了我们站在讲台上的姿势。而对这些问题最好的回答，藏在一本叫《教学勇气》的书里。

《教学勇气》是一本相当出色的作品。为什么？因为它直面了深藏在许多教师心中的恐惧：我们恐惧站在讲台上，恐惧面对学生，恐惧面对知识。这种恐惧带来了一些常见的反应：我们通过麻木掩盖它，通过粗暴掩盖它，通过逃避掩盖它……这本书是一次深度的心理分析。只有我们认识到了我们内在的恐惧，改变才可能真正地发生，才可能真正地促成内在的完整。

## 二
◆ ◆ ◆

当然，还有一本书，要薄得多，但是，要深邃得多，仿佛是从天空中传来的声音。

这就是《给青年诗人的十封信》，里尔克的作品，冯至翻译，可谓珠联璧合。

这是给少数人写的书。青年诗人写信问早已成名的里尔克，自己的诗好不好？值得不值得发表？

里尔克说：

你在信里问你的诗好不好。你问我。你从前也问过别人。你把它们寄给杂志。你把你的诗跟别人的比较；若是某些编辑部退回了你的试作，你就不安。那么（因为你允许我向你劝告），我请你，把这一切放弃吧！你向外看，是你现在最不应该做的事。没有人能给你出主意，没有人能够帮助你。只有一个唯一的方法：请你走向内心。探索那叫你写的缘由，考察它的根是不是盘在你心的深处；你要坦白承认，万一你写不出来，是不是必得因此而死去。这是最重要的：在你夜深最寂静的时刻问问自己：我必须写吗？你要在自身内挖掘一个深的答复。若是这个答复表示同意，而你也能够以一种坚强、单纯的"我必须"来对答那个严肃的问题，那么，你就根据这个需要去建造你的生活吧；你的生活直到它最寻常最细琐的时刻，都必须是这个创造冲动的标志和证明。然后你接近自然。你要像一原人似的练习去说你所见、所体验、所爱以及所遗失的事物。……所以，尊敬的先生，除此以外我也没有别的劝告：走向内心，探索你生活发源的深处，在它的发源处你将会得到问题的答案，是不是"必须"的创造。它怎么说，你怎么接受，不必加以说明。它也许告诉你，你的职责是艺术家。那么你就接受这个命运，承担起它的重负和伟大，不要关心从外边来的报酬。因为创造者必须自己是一个完整的世界，在自身和自身所联接的自然界里得到一切。

这样的段落或句子，在信中比比皆是。里尔克信手写来，珠玉满盘。这是一个伟大的生命，对一个青年诗人的启示。

从第一次读到这本书到现在，似乎"年代久远"。但是，每次重读，仍然激动，仍然新鲜，这大约就是经典的魅力吧。这本书，的确像导师一样，当你迷惘的时候，当你被异化的时候，不断地在洗礼你，引导你。

## 三

▼ ▼ ▼

当然，除了这两本直接讨论职业认同的书，更多的，是可以学习的榜样。

例如，我特别喜欢德鲁克的一篇文章叫《怀恩师》，它让你感受到了教师的不同风格，以及不同风格的迷人之处。

此外，对我影响深远的，还有《第56号教室的奇迹》中的主人公雷夫·艾斯奎斯。雷夫是影响了许多南明教育教师的优秀教师，也是各类榜样中，气质类型最适合全人之美课程的一个人。甚至，全人之美课程中的道德发展阶段，也是受到了他的影响（当然，更是受到了柯尔伯格的影响）。

《孩子们，你们好！》也是特别重要的一本，阿莫纳什维利的"学校无分数教育三部曲"之一，虽然有许多时代的痕迹，但是，里面大量的精彩描写，可圈可点，直到现在，还会给人很大的启发。

优秀的作品，不一定是写实作品。我特别喜欢的另一本书是《特别的女生萨哈拉》，虽然是小说，里面的波迪小姐也是理想中的教师。波迪小姐的许多教育行为，直接就可以成为经典的学习案例，是教师学习的好材料。

优秀电影也是必不可少的。例如《生命因你而动听》，讲一个教师的一生，是我认为最优秀的教育类电影。另外大家熟悉的相关电影，至少还有《放牛班的春天》《蒙娜丽莎的微笑》《死亡诗社》《地球上的星星》《心灵捕手》。

有意思的是，这些电影中的教师，大多有一个黯然离场的结局。或许，对于真正觉醒的自由的教师来说，生命的意义并不在于获得世俗的成功，而在于完成自己的使命。世俗的成败无法定义他们，这也是他们的光芒所在。

生而为人，生而为师，可以与许多年轻的生命同行，这是何等幸福和幸运的事。而我们自身也是学习者，我们也需要前行者的微光照耀，以便让自己的生命，在无边的繁忙和琐碎中，找到自身的意义。

"受到召唤者众，成为选民者少"，这是常态。

然而，这又何妨？靠近光，成为一道光，在任何时代，都是一类教师宿命般的选择。

你是其中的一员吗？

# 教师为什么应该读一些传记？

　　我有很多次谈过"自我镜像"的话题。人类总是被理想激励着，这理想化为我们对自身未来的想象，或者说对未来的自我的想象。无论粗俗如"挣大钱，娶美女"，还是高尚如"侠之大者，为国为民"，都会形成一种目的性动机，牵引着人生这列火车，向某个方向疾驰。

　　自我镜像从何而来？

　　当然首先从父母师长而来，"长大以后，我就成了你"；从身边的同伴而来，"近朱者赤，近墨者黑"；从环境中的成功者而来，

"彼可取而代之也"；一个特别重要的途径，则是脱离周围环境的限制，从故事中而来。小孩子喜欢童话，总想象自己是王子或公主，这种自居，确实赋予了热爱童话的儿童以某种不一样的气质。大孩子不相信童话，更可能从传记中获得激励，别人能做成的事，我们总想象自己也能。

对成人来说，传记是非常重要的。

我们并没有所谓纯粹的"自己的"想法，我们的想法，总是与环境互动的结果。而除了某些特殊的机缘，环境往往总是贫瘠的、鄙俗的，渐渐地，我们也就变成了乌合之众。对于身边的柴米油盐斤斤计较，使我们变成了一个烟火人，完全辜负了造物主所赋予我们的可能性。

而传记总在提醒我们，人，还可能拥有另一种人生，更为艰辛，但也往往更为自由。如是，传记就很容易成为一种可能性的启示，把我们的生命向上提一提，甚至让我们变成一个有光芒的人。

一

◆　◆　◆

有一个有意思的讨论。

我有写"海拔五千"的习惯，每天发一则数百字的微信，记录一天的生活和工作（为了避免影响别人，设置了少数人可见），已经好几年了，连大年初一也在写，从无例外。

有朋友说，啊呀呀，你是怎么坚持做到的？

这不需要坚持，只是一种习惯，就像每天早上起床后要刷牙一样。就像我写阅读漫谈系列，从来没有想过或承诺日更，不知不觉间就日更了。

是不是应该骄傲？是不是应该自豪？非也非也。你提议老干（干国祥老师）写个海拔五千试试，他会说，神经病啊，有事没事写那个东西干什么？

这是两种不同的生命类型：乌龟和兔子（讨论时的原话是狐狸）。乌龟是勤劳型的，是优秀的学生，靠的是毅力坚持，一步一步地抵达目的地。兔子是自由的学生，靠的是灵机与创造，弯道超车抵达目的地。就是说，他们往往会尝试找到捷径。乌龟与兔子，愚公与智叟，一直活在故事里。在故事里，兔子和知叟，总是被嘲笑的对象，叫"自以为聪明"，而乌龟和愚公，则始终保留着三好学生的光辉形象。除了农业时代过于久长这个文化因素外，有一点很重要，乌龟和愚公是可教可学的，兔子和智叟是不可教不可学的，所以，教化故事总是宿命般地选择了自己的褒贬。

那么，你是乌龟呢，还是兔子？

看看古往今来的成功者，有乌龟，也有兔子，可以从他们的行为里，捕捉到许多的蛛丝马迹。例如，罗胖每天发 60 秒，曾国藩坚持每天写日记，这和我写海拔五千类似，都是某种程度的刻板行为。此外，网上铺天盖地的时间管理，大半都是给乌龟们准备的。至于兔子，远在天边的，有乔布斯，近在眼前的，有干国祥。

说这话，显得乌龟们不聪明。毕竟，勤奋总是意味着笨，勤能补拙嘛。实际不然，清华北大，遍地都是乌龟，三流院校，也到处都有兔子。这世上有坚持到底的乌龟，也有中途睡觉的乌龟，兔子也一样，并不是所有兔子，都要在中途睡一觉。厚此薄彼，一定是偏见，尤其不能歧视乌龟。我们就像军工产品，稳定、可靠、耐用，从来不会神龙见首不见尾，"只在此山中，云深不知处"。

我想说的是，我因此对罗胖啊、刘润啊，有一种天然的亲切感。读传记，也自然对曾国藩、林肯、丘吉尔，格外偏爱。换句话说，我从他们身上学到了太多的东西。但是对于《乔布斯传》，我甚至很难读完。

## 二
♦ ♦ ♦

我曾经讲过三句话："所有的故事都曾经发生过；所有的故事都是同一个故事；所有的故事都是我的故事。"

显然，再细看，故事并非完全一致，而会自然而然地存在着若干类型，就像我们欣赏文章风格，会自然地鉴别出崇高、优美、反讽与平实一样。总有些类型，就是我们这一类，乌龟们代代相传，兔子们也生生不息。在这种情况下，事实上已经有许多像我们这样的人，突破了人生的坎陷，取得了突出的成就。这样，通过进入他们的故事，我们就能获得启发，从而在不断地比较中，对自己的人生进行修正。这，就是传记的意义。

我偏爱林肯。林肯的笨拙，正是乌龟的典型表现。但是，林肯也发展了深刻的思维以及强大的耐力，这些转化为一种内在的智慧和坚定性，让他在美国社会面临分裂危机时，能够像定海神针一样为美国明确方向，像船长一样，把美国带离危险的滩涂，这是很了不起的。

因此，每当生活遭遇危机，就会不由自主地想，假如是林肯，会怎么做？这是一种反向自居，但确实非常的有效。久之，林肯的精神，就会内化为自己的精神营养，以及勇往直前的勇气。甚至，最终形成了形象坚定的自我镜像。

在上一篇文章中，我讲到了德鲁克的《怀恩师》，里面的老师，也是截然不同的两种形象，有点类似于乌龟与兔子。换句话说，教师如果分为两大类型，可以说，有教练型的，有导师型的。

我知道你在想：我是什么类型的？

你可能想多了，大部分老师，既不是教练，也不是导师。我们并没有通过训练或觉醒，让自己的生命变得明亮自觉，而仍然是睡在石头里的雕像，未被自己和岁月雕琢过。就像你无法坚持做一件事，不要想当然地以为自己就是兔子，可能只是懒。

一旦你觉醒过来，决定以自己的方式生活、工作，那么，对自己生命气质的觉察，以及持久的自我训练，就成为必需。而传记在这里所能发挥的作用，是不言而喻的。

生命气质并无高下之分，最好的乌龟和最好的兔子，都是自我实现者。并且，人很难单纯地具有某一种气质，我们往往是兔子一样的乌龟，乌龟一样的兔子。乌龟也可能发展出极高的创造性，兔子也可能从不中途睡觉。所有的故事，都是一种必要的偏见。

# 想要管理好班级？不同的阅读带来不同的视野

一说到班级管理，很容易把阅读窄化到"班级管理"，这正是班级管理很难做好的原因之一。难道我们不能把"管理"换成"经营"？这样，经营企业的方法，难道不能用来经营班级？难道，我们不能把"管理"换成"领导"？这样，领导团队的做法，难道不能用来领导班级？

不然，我们所读的书，总停留在《爱心与教育》（李镇西）、《班主任工作的艺术》（魏书生）、《第56号教室的奇迹》（雷夫·艾斯奎斯）的阶段。这些当然都是好书，但有时候正像古人所说的，"汝果欲学诗，功夫在诗外"。

一

❤ ❤ ❤

要做好班主任工作，或者说班级管理工作，我们不妨思考一下，究竟需要哪些方面的知识储备？

如果你是新人，显然，你需要一个"班主任工作手册"，这个手册就像产品说明书，能帮你理解班主任工作一般要做些什么、怎么做。市面上，这类书应该不少，可惜国内的手册，几乎没有可用的，浓浓的德育味。反而是黄绍裘先生的《如何成为高效能教师》，可圈可点，可以当成手册来用。

班主任工作手册，可以帮你理解班主任要做的事情及其结构，但并不能帮你真正地带好一个班级。要真正地带好一个班级，你还需要另外的一些思考。

你必须理解管理工作的底层逻辑。换句话说，要了解一些管理的常识，而不是管理的技巧。常识比技巧更重要，底层逻辑意味着管理观念的自觉。

你必须具有相应的心理学知识。这种了解，主要指的是常识层面的了解。毕竟，你至少要明白，你所教阶段的学生，有哪些普遍的心理现象？他们的认知、情绪、社交水平，处于什么层次？有哪些固有的矛盾冲突？

你必须拥有自己的解决问题的武器库。这既包括了问题解决技巧，包括对问题解决原理的把握，也包括了熟练掌握大量效果明显的技巧。这跟前面我所说的"而不是管理的技巧"中的"技巧"不太一样，更多的不是指经验，而是指专业工具、专业技巧。

你必须拥有某种元认知层面的自我觉察，或者说领导力修炼。领导力的意思是说你能够为班级树立恰当的愿景，并化解为可具体执行的目标，然后有效地激励学生，相互支持，共同朝着目标前进并取得成就。领导力往往需要有悲悯的情怀、坚定的意志以及无私的奉献精神。而怎么能够成为一个班级的领导者，而不是别的什么角色，往往取决于教师基于自身生命气质的自我雕琢。在这个方面，我可能更喜欢阅读传记。无论是政治领导者，例如华盛顿、丘吉尔之类，还是企业领导者，例如杰克·韦尔奇、霍华德·舒尔茨之类，总有一个或几个人，与你气质相近，值得你仔细琢磨。比如，我就对林肯传记情有独钟，而他也确实深刻地影响了我。这个问题，在上一讲里已经说过了。

## 二

综上所述，管理学、心理学、方法论、领导力，在我看来，是班主任工作专业化的基础，并且是跨领域通用的，不必专读教育领域的作品。

在这些方面，好书还是比较多的。例如，《0—8岁儿童纪律教育》就是一本不容错过的全息性的经典。这本书是基于建构主义纪律观而写的，重点是如何发展儿童的自主性，让儿童为自己的行为负责。在这个背景下，对影响纪律的各种因素做了细致的分析。准备一本放在案头，时常翻一翻，是有好处的。

心理学方面，前面已经写过。不过，特别要推荐阿德勒的《儿童的人格教育》，很适合小学阶段。这本书研究儿童与社会如何相互作用，儿童如何被引导着向前发展，其中的核心逻辑，以及常见病例，是很值得注意的。

在方法论层面，涉及问题解决技巧、沟通技术以及处理班级琐事之类的技术，可以从企业人喜欢读的书中获得启发。要强调且推荐的仍然是《麦肯锡方法：用简单的方法做复杂的事》《清单革命》。弄清楚了这两本书，可以解决大部分琐碎的问题，有效地提高工作效率。沟通技术方面的书已经太多了，《老师怎样和学生说话》《正面管教》仍然很值得读。在激励学生方面，《奖励的惩罚》还要再推荐一次，当然，弄明白了《动机与人格》，就差不多掌握了这方面的核心原则。

领导力不是读出来的，是打出来的。带一个班级，也如同带一支军队，永远都是狭路相逢，勇者胜。首先拼的是意志，是勇气，是勤勉，方法反而次之。有了这种内在的坚定性，班级大概率就差不了。一定要读，就去读传记。前面已经说过了。

　　班主任工作是极具挑战的，也是非常锻炼人的。从某种意义上讲，一个老师，一辈子没做过班主任，就仿佛没做过教育，始终似乎是一种残缺。固然逃避了某种繁难，但是，也丧失了引导年轻生命、与他们相互滋养的契机，这是非常遗憾的。

# 全科阅读是个伪概念

我很迟钝。第一次真正听人讲全科阅读，竟然是去年，在深圳。我在点评中，毫不犹豫地指出，全科阅读是个伪概念。

## 一

❤ ❤ ❤

全科阅读自以为"全"，实际上是对阅读的窄化和异化。

为什么？因为阅读首先不是学科阅读。而全科阅读，是将阅读窄化为学科阅读，这是一种可悲的误解。

小学阶段，是阅读的浪漫阶段。这一时期，阅读的主流，不是知识性的，知识性的阅读只是补充，而是生命性的，因此会以故事为主，从低段的绘本到中高段的高品质的童书，都是生命最好的营养。

儿童时期阅读的重大作用通常有两个，一是整体地滋养生命，就像母乳喂养，以"诗"的方式，同时作用于儿童的认知、情绪、心理、道德发展、社会化水平等。二是发展儿童的智力，儿童早期的智力主要表现在语言智能。用苏霍姆林斯基的话来说，核心是"阅读自动化"，这就是智力。自动化程度不足，直接影响小学高段及中学的学业成就。

这也是我们在小学阶段强调海量阅读的原因。

到了小学高段尤其是中学阶段，阅读由数量为先走向品质为先，因为少年们进入到了形式运算阶段，使得阅读中的精细加工成为可能。这一时期，经典研读开始居于主要位置，而经典研读，训练的是学生的思维品质。如果说早期的海量阅读是一种潜意识的智力训练，那么，少年时期的经典研读就是一种有意识的经典训练，这是一生智力和品格发展的基石，奠定了一个少年终生的智力水平和生命风格。

# 二

▼ ▼ ▼

学科阅读，从小学高段开始萌芽，在中学阶段，就逐渐成了阅读的主流。在小学阶段，我们称之为"广谱阅读"，实际上，就是指这类知识性阅读。

然而，阅读在不同学科的作用和意义是不一样的，全科阅读，恰恰是一种混淆和抹杀，你以为是在煮粥或做胡辣汤？

学科阅读本质上不是生命性的阅读，而是知识性的阅读。而不同学科，对阅读的依赖程度不同，阅读的方法也不相同，不可一概而论。

我以前讲过，我们可以把所有的学科分为三类。一类是工具性学科，即语文、数学及外语，语文和外语输入量非常重要，所以讲究海量阅读和经典研读（在不同阶段，涉及学习力基础和思维的深度塑造），数学刷题也很重要，工具的特征，就是要达到自动化。一类是知识性学习，主要是文综和理综，阅读很重要，用苏霍姆林斯基的话来说，是第二套大纲。两套大纲的思想，主要是针对文综和理综来说的。但是，文综和理综的学习，又有很大的区别。区别在于，文综学习的核心，是研究与审辨，阅读极端重要；理综学习的核心，是观察与实验，阅读是有益的补充。举个例子，你在小学阶段强调科学阅读，方向就错了，因为更应该强调种植与操作，科学源自探索，不从探索入手，直接从书里获得结论，最终导致的是无意义的博学，以及科学精神的丧失。

最悲催的，莫过于艺体学科。因为艺体学科的学习方法不是阅读，最适合艺体学科的，是一万小时的理论加上刻意练习，这是一个训练系统。难道艺体学科不需要阅读吗？体育不需要体育精神吗？这是抬杠。强化艺体学科也必须阅读的学校，我很同情那些老师们，当年正是因为不想读书，所以才拼命练习艺体，结果做了老师以后，因为要带孩子们读艺体书籍，终于躲不过全科阅读的坑。

这充分证明，出来混，迟早是要还的。

## 寻找属于自己的生命之书

当令狐冲遇到风清扬的时候，严格地讲，他才真正地遇到了自己的导师。

岳不群，令狐冲当然是崇敬的，崇敬到了无以复加的地步。不仅武功值得崇敬，人品更值得崇敬。但是太崇敬了，难免"而远之"。毕竟，师父的人格太光辉了，徒弟就被照耀得睁不开眼睛了，或者不敢睁开眼睛了。

直到遇到风清扬，那真的是"在转角处遇见自己"。

一

❤ ❤ ❤

我们与书的姻缘也是如此。

有时候，相互喜欢，却原来是一段孽缘，直到分手后才明白；有时候，无论如何努力也喜欢不上，不自觉地自惭形秽，最后发现问题并不在自己；有时候，轻慢了对方，回头却发现像小王子一样，错过了最好的玫瑰……

有一天说到郑渊洁的童话，话说得有点重，其实要表达的无非是，我喜欢郑渊洁的童话，是一种注定的并且有价值的孽缘。并且，小学高段的不少男生，都曾像我一样掉进"陷阱"。为什么？因为郑渊洁的童话，从根本处是批判性而不是建设性的，骨子里充满了对学校教育的否定。在应试的环境中感觉到厌倦的儿童，会在郑渊洁的童话中找到慰藉，并因此加剧了对学校教育的逃避倾向。而真正伟大的童话，更多的是"英雄的旅程"，会让儿童从中汲取力量，而不是消解自身。因此，这种喜欢，是一种孽缘，就像丑小鸭遇到农家小屋，辛巴遇到彭彭，或者我们在青春期逃学时遇到社会青年。我们觉得被接纳、被肯定，但是，我们的生命无法驻留于此。

有一段时间，我对教授们写的书，所谓的理论体系，有一种盲目的崇拜，也尝试认真地阅读。最终发现味同嚼蜡，但是很难怀疑教授，只能怀疑自己。直到遇到更好的人，才发现当初的怀疑是有道理的。原来同样写书，同样讲一件事情，同样评价一本书或一首诗，人与人之间的差距，是根本性的。

这当然也导致了相反的结果，例如一些自己轻慢的书，最终却发现极具价值。典型的例子，是《给教师的建议》和《课程与教学的基本原理》。对怀特海的《教育的目的》，也经历了一个漫长的认识过程。如果不是身边有老干这样的鸮，这些，大抵要错过了。

## 二
♦ ♦ ♦

那些对的书，与你能够产生化学反应的书，我们不妨称之为生命之书。无论你读过的书有多少，总是少数的几本书构成了你的内在框架。其他的书，多几本少几本无妨，而这些书，每少一本，生命就会缺少一块。

这是一个非常复杂且微妙的过程。

越是早期的"生命之书"，越具有生命的或感受的性质，越偏向于诗。例如，可能是一部或一类童话，可能是数首诗或一本诗集，可能是一位作家或诗人，道出了你生命的奥秘，在某一刻点亮了你，让你念念不忘。越是晚期的"生命之书"，越偏于学术或哲思。或者说，越像工具，但又不纯粹是工具，正如剑宗之于令狐冲，降龙十八掌之于郭靖，黯然销魂掌之于杨过，是技艺，又是生命本身。工具与人，如此天衣无缝地贴在一起，才能充分地发挥力量。

举个例子，有人擅长沟通与组织学生，那么，小组合作，就是他组织课堂的最好的方式之一。有人学富五车，满腹经纶，那么，讲授法往往能让学生系统吸纳到更多。具体的教学法，往往是知识特质、教师的生命气质与学生原有基础几者之间互动的结果。

那么，我们的工具是什么？哪些学术作品，是我们在职场上的"生命之书"？

我们要在经典中去寻找，去感受，去驯养属于自己的独一无二的"玫瑰"。这样，我们才拥有清晰、丰富而深邃的观念，通过灵活地运用它去掌控自己的课堂，自己的班级。

# 三
• • •

当我们在讲寻找"生命之书"时，我们实际上是在讲，阅读是一个自我追寻的过程：追问我是谁，谁是我的玫瑰。

然而，凡事皆有代价。寻找自我的过程，同时也是一个强化偏见的过程。因此，挣脱偏见，以便更深地抵达自我，就成了一种必然的对策。正像泰戈尔所说的，人只有在外面四处漂流，才能回到最深的内殿。

　　换句话说，不能只读一种类型的书，而要用相反类型的经典来化解偏见，丰富和平衡自己的见识和生命。

　　举个例子，一个自然主义者，自然爱读卢梭的《爱弥儿》，觉得这是天下教育之至典。那么，他最好同时读一读对卢梭的批评，读一读文化主义者的作品。就像一个道家弟子，何妨读读《论语》。你的生命，虽然更亲近道家之逍遥，但是，你对于儒家的担当，至少有一份理解和同情，对于墨家的侠义，佛家的虚空，也能够接受。甚至，有几分有距离的赞许。

　　这样的话，实际上人间就少了许多无谓的彩乌鸦式的争执，多了许多欣赏与同情，至少是宽容或容忍。

　　而且，当乌龟开始欣赏兔子，愚公开始欣赏智叟，那么，乌龟可能会多几分灵动，而愚公也可能添几分聪慧。同时，也可能出现少睡觉甚至中途不睡觉的兔子，以及有耐心的智叟。这种必要的平衡，往往为生命带来全新的境界。

第
五
辑

怎么才能
做到坚持阅读？

# 哪些书不宜多读？

　　教师阅读又如入山砍柴，有时候要砍柴，有时候要磨刀。砍柴，是收割知识；磨刀，是增强能力。通常来讲，在砍柴的时候，我们忘记了刀，在学习的时候，我们忘记了自己在学习。柴砍多了，刀就越来越适合砍柴，越来越锋利了。

　　但有些时候，我们要停下来，尤其是在砍柴不顺利或者效率低，问题出在刀锋上的时候。本来被我们忘记了的刀，现在从工具变成对象，从手段变成目的。我们开始对刀进行加工，让它更适合砍柴。所谓的"磨刀不误砍柴工"，说的就是这个意思。

一

♦ ♦ ♦

那么，在教师阅读领域，哪些是属于"磨刀"呢？

凡是指向自我的阅读，就是"磨刀式阅读"。通常情况下，凡是关乎意义、动机、态度、价值观、情感、学习方法等内容的，都属于磨刀式阅读。人的身体与精神就像一辆车子，需要定期加油、保养，才能跑得更远。凡是指向对象（他人与世界）的阅读，就是"砍柴式阅读"，通常情况下，凡是涉及学科知识的，都属于砍柴式阅读。

假如你是一个语文老师，你要研究阅读、写作的内在逻辑，弄清楚语文知识的含义及诸多细节，要形成读写技能并能把自己变成这方面的教练，包括要积累许许多多的经典作品，形成强大的文本解读能力。这些，都属于砍柴式阅读，是日常学习的核心。但当你开始追问自己作为一个语文老师的意义的时候，当你需要重燃自己的教育激情的时候，当你需要面对学生控制你的情绪的时候，你为解决这些问题而开展的阅读，就属于磨刀式阅读。不磨好这把刀，你就砍不到柴，甚至不想砍柴了。

不仅如此，有时候磨刀式阅读，还能帮你澄清方向：我们到底为什么砍柴？砍哪些柴？

有一类阅读，是属于磨刀还是砍柴，关键在于阅读目的。例如，哲学家读哲学，心理学家读心理学，这都是砍柴。但是，我们读哲学，如果不是为了上政治课，而是为了自身的需要，这就是磨刀了。

还有一类阅读，既属于磨刀，又属于砍柴。例如教育学以及课程与教学论等领域，既是作为教师应该掌握的知识，又是我们处理木柴的工具体或者说框架。严格地说，这仍然是属于磨刀，是更好地传递知识的工具。

## 二
◆ ◆ ◆

许多人一生只砍柴不磨刀，因为他觉得刀就是这个样子，从来没有意识到，刀还可以是另外的样子，如果用心打磨的话。这种人学习和工作，就像蒙上眼睛的驴拉磨一样。他全身心地拉磨，从来没有考虑过，我为什么要拉磨？我为谁拉磨？我的人生就注定应该一直拉磨吗？

他只关注专业发展，而忽略了职业认同。

但是也有相反的情形，更普遍。在当代社会，有一种潮流，就是对自我的过度关注，意义过剩和意义不足同时存在。

有一篇文章叫《罗振宇的骗局》，批评"罗辑思维"，意思是说"罗辑思维"解决不了你的职业问题或人生问题，你不可能通过订阅它就变成一个很厉害的人。这个结论是对的，但是批评是蛮横的。因为"罗辑思维"解决的是意义问题、动机问题、认知问题、方法论问题，以及通识教育的问题，他并不解决你的专业问题（至少从商业的角度讲，也不值得去解决）。就像一个跑步者，到店里去买鞋，鞋子很好，但他仍然跑输了，这不能去怪鞋店老板。因为鞋店老板解决的是鞋子问题。鞋子好，当然你的表现会更好，但你能不能跑赢，决定性的因素并不是鞋子。

更奇妙的是，"罗辑思维"是脱离了你的专业内容来讲发展的。举个例子，它可能有一篇文章或者一组讲座，把动机问题分析得清清楚楚，把你的问题说得明明白白，这十分有利于你的动机问题的解决。但是，真正解决你的动机问题，可能靠的并不是这些，而是你在自己的领域里实实在在的成就感。这个成就感，是"罗辑思维"里任何动机课程也无法给你的。

## 三
◆ ◆ ◆

我举这个例子，想要说明什么？

我想要说明的是，磨刀的时间不宜过长，最重要的磨刀，仍然是砍柴过程中无意识的磨刀，而不是有意识的专门磨刀。如果一个人喜欢磨刀，专门磨刀，就会变得潜意识里惧怕砍柴，而通过反复地磨刀，来获取虚幻的意义感。

举个例子，教师没有必要读太多的教育学、心理学和课程与教学论，但是，现在学校共读充斥着这些内容。教师主要的时间，仍然要放在学科研究上，放在知识研究上，放在教什么而不是怎么教上。因为怎么教只是一套程序，这套程序的自动化和高效率，当然取决于对程序的聚焦，但是，更取决于实践中的反复调整。并且，只有在实践中反复运用与反思，程序才是活的，而不是死的流程。

同理，教师也好，其他人也好，也没有必要整天去思考生命的意义。大多时候，意义、动机、情感、价值观之类，是潜意识里发挥作用的，是生病时的药，而不是健康时的安慰剂。如果一个教师，老喜欢找人谈心，或者一个学生，老喜欢找老师谈心，这就说明病得不轻。生命的焦点，一旦转移到了人本身而不是忘记了人本身，离生病就不远了。而且会形成吃药—生病—再吃药的恶性循环。

现在的学校，这方面的弊端很突出。本来应该研究教育，研究学科，研究怎么解决学困生的问题。但是，我们的注意力，硬生生地放在教训人上，放在了所谓的师德培训上。与学生建立了关系，教学中有了成就感，责任感就会增强。从专业入手，是强化师德最好的手段。否则，形成的是表演性师德。大家没事了就磨刀，假装要砍柴，但实际上砍不了多少柴，因为时间都被磨刀占据了。

# 四

▼ ▼ ▼

柴，越砍越多。

刀，越磨越薄。

磨刀式阅读，重点根本不在于数量，而在于形成反思的习惯，并在持续反思的过程中，理解与人相关的领域的底层逻辑。最终，把一些核心的领会，变成自己的信念乃至于信仰。在这里，知识反而是最不重要的，最重要的是存在层面的领会，是不断地返回到原点或本质。

刀磨多了，大家习惯于表演。课堂上，刀舞得生花，赢得阵阵喝彩，可能不能对阵，无法砍柴，只适合观赏。

这是教育的悲剧，发展的悲剧，也是持刀人的悲剧。

# 怎么才能做到坚持阅读？

经常有人问我，到底应该读什么书？我关心的是，如果我告诉了你，你会真的去阅读吗？能坚持多久？可能许多人就会觉得汗颜：哎呀，我就是没毅力。我们似乎觉得，有些人天生有毅力，有些人就是没毅力，而我们自己，就是那个没有毅力的人。

这样的检讨，"谦逊地"掩盖了问题的实质。给人下结论没有任何意义，无论是针对自己还是别人。我觉得，更重要的是保持一种探究的趣味：为什么有人能坚持，还有人坚持不了？弄清楚原因，坚持才有可能；不加审察的检讨，丝毫无助于进步。

一
❤ ❤ ❤

我们从那些坚持阅读的人入手，来看看这些人究竟有什么特质，竟然能让阅读这件事成为习惯。

坚持读书的人中，有这么几类人。

一类是"读书人"，例如文科教授，读书就是他们生活的一部分，他们也靠向别人讲书以及写书生活。这类读书人，你可以称之为职业读书人，不过，跟我们没有太大的关系。

也有一类人，阅读是对职业读书人某种程度的模仿，类似于民间科学家对于职业科学家的模仿，结果，就不那么美好了。因为他们虽然藏书量丰富，也很爱读书，满腹经纶，但是，读书却无法转化为生产力，也很难产生经济价值。我们通常会把这类人称为书呆子。平均几所学校里，大概就会有一位书呆子。读书很多，上课以及成绩都很平平。

我自己经过数轮训练，一直想做到坚持阅读，最终痛苦地放弃了。印象中最长的一次，在新浪博客中每天记录当天的阅读情况（现在把这批博客文章全部锁起来了，以免贻害偶然的闯入者），坚持的时间很长，但是最后发现，完全没有成效。

读的时候没有感觉，读过以后忘得很快，也并没有在工作中甚至生活中发挥什么积极的作用。因此，像我这样的"乌龟"，最终也半途而废。

后来逐渐地意识到，因为这样的阅读太过于强迫自己，以至于为阅读而阅读，完全忘记了阅读的目的。而当时在高中教书，眼睛一睁一闭，都是学生，都是上课或试卷，有些闲暇，就想着备课或睡觉，以储备精力。在这种情况之下，阅读就像吃药，或者像穷人装点门面，实在是缺乏长久坚持的动力。

## 二

❤ ❤ ❤

但是，在这种盲目的坚持之外，阅读还在以另外的形式发生。

一类是因为备课而不得不进行的主题式阅读，说得再明确一些，就是研究性阅读。就像我以前所说的，这种基于问题的研究性阅读，是特别自然的。因为这时候，你的阅读有明确的方向，你的阅读也可以直接转化为实践经验，阅读的效率和转化率大大地提升了，这显然是非常高效和健康的阅读。

另一类是团队共读，往往是务虚，读一些哲学心理学之类。如果说前一类阅读与解决问题有关，这一类阅读则与搭建认知框架有关，有时候也与信念或价值观之类的有关。显然，这类共读也是非常重要的，我在《教师阅读地图》中将之称为经典研读。

你看，第一类阅读很自然，很功利，因此可以自发地完成。第二类阅读很难，无功利，难以自发地完成，因此常常需要借助团队的力量，一则有利于坚持，二则有人解读，也有利于消化吸收。第一类阅读使我们的工作经验在不断地累积，第二类阅读使我们有可能实现阶段性的认知转变，为工作建立更好的框架。两类阅读都很重要，一个是渐修，一个是顿悟。

专业发展，最怕的是缺乏这两种习惯。缺少前一种习惯，备课的时候不善于利用资料，不看其他人的成果，自己一个人坐着傻想，你以为是郭靖想黄蓉？想来想去，最后做出来的，还是一个粗糙的东西。你教高中，第一篇《劝学》里面讲得清清楚楚："君子生非异也，善假于物也。"明明别人做过的工作，我们何必重复？要学会站在巨人的肩膀上，做一个在知识的海洋中快乐畅游的海盗。

这已属不易，但是，现在善于利用资料备课的老师为数不少。并不是所有人都手拿一本教参走江湖，但是，数十年如一日长进不大也大有人在，是因为没有阶段性地升级系统。而升级系统时，工作就必须暂停，耐心等待，研读经典，就是做升级系统的工作。

# 三

◆　◆　◆

有阅读习惯的牛人当然多的是，巴菲特也好，查理·芒格也好，数十年如一日地大量阅读，天天早起读报纸，像闹钟一样准确，那是因为他们涉足的是投资领域，因此需要大量的阅读，来补充各种信息以便作出准确的判断。

也有一些人，因为工作性质的缘故，例如朝九晚五，下班后心无挂碍，照样养成了阅读的习惯，这都是做老师很难模仿的。但是，这并不意味着阅读无法成为习惯。我们前面讲了两个习惯，一是用阅读解决工作问题的习惯，也可以叫研究的习惯；一是用阅读升级系统的习惯，也可以叫定期或不定期读经典的习惯。此外，我们还要养成跨领域浏览的习惯，以拓展自己的视野。例如，语文老师，何妨读读经济学、生物学，何妨看看脑科学或者企业方面的书。一切行业有价值的书，只要有时间，翻翻都是有益的。

但这种习惯，往往很难是早起或晚休时的阅读习惯，除非有催眠的需要，而应该养成一种自然的兴趣，随时随地，见缝插针。

举个例子，许多人，也包括我，出差的时候，就是阅读的好时光。根据出差时间长短，准备一本或几本书。无论是机场，还是高铁上，都是读书的好地方，更容易专注。久而久之，所读的书，数量竟然也是不少的。这当然需要一点点的意志力，把注意力从手机上移开。在任何精力充沛的时间段，聚精会神地玩手机，在我看来，都是对生命的犯罪。

当然，手机阅读除外。手机阅读，或者最好用 ipad 阅读，在我看来，甚至比读纸质书更好。我对那些怀念纸质书的人，向来有一种怀疑，不知道他们真正喜爱的是什么，就像你爱一个女孩子，仅仅因为她换了一身衣服，爱情就脆弱地消失了吗？

# 教师为什么要读童书？

　　大概十八年前，初次接触绘本，我对于图多文字少的花花绿绿的东西根本不感兴趣，觉得这就是小孩子读的浅易的东西。然而，真正地读了一些绘本后，再也不敢轻视了。

　　举个例子，当时对一个绘本印象很深，叫《活了100万次的猫》。讲的是一只虎斑猫，死了100万次，又活了100万次。它曾经做过国王的猫、水手的猫、魔术师的猫、小偷的猫、老太太的猫、小女孩的猫……每一次死亡的时候，猫的主人都很伤心，但是猫不在乎。后来，它成了一只野猫，谁都不放在眼里。有一天，它遇到了一只白猫，还生了一群小猫。后来，白猫老了，死了。虎班猫很伤心，也死了，再也没有起死回生过。这个故事对我的震撼是难以言喻的，我没有想过，简单的故事，还可以表达如此复杂深奥的话题——关于爱情、死亡以及活着的意义。后来的许多年，我多次思考过死亡问题。我从不幻想永生，相反，永远不死，可能是人间最重的刑罚。关于这一点，当然已经有许多解释，尤其是哲学的解释。但是，第一次以简洁明了的方式揭示给我的，竟然是绘本。此后许多年的阅读，似乎只是为这个绘本添加一些注脚。

一

◆ ◆ ◆

童书，是理解儿童最好的路径。

这个道理要许多年后才明白。我们总以为，抵达儿童心灵的路径，那当然是心理学。这种想法简直害死人！许多在儿童身上所犯的错误乃至于罪恶，都是不加理解地运用心理学，或者运用错误的心理学的结果。从早期的行为主义心理学，到现在的赏识教育，莫不如是。随着心理咨询师证的泛滥，这种情况又有加剧。

抵达儿童心灵的路径至少还有三条：带着眼睛与耳朵，与儿童进行活生生的交流；多回想一下自己的童年是如何度过，如何思考问题的；以及，阅读童书。这三条路径，都是学习儿童心理学时的矫正器，能让枯燥的理论鲜活起来，并且增加在真实的世界里面对真实的儿童时的判断力。

曹文轩的《草房子》，就可以起个别名，叫《男孩子·心理学》。男孩子们在一起，因为基因和环境等原因，总像是由不同的角色组成的部落。杜小康是部落里的头领，有领导风范，也经得起摔打；桑桑则是一位行吟诗人，一位旁观者，今天的文学少年，或者未来的蒋一轮。有关秃鹤的章节，称得上是阿德勒的《自卑与超越》的故事版，秃鹤从意识到自己秃头后，他的不同的反应，就是经典的心理学案例，几乎穷尽了自卑少年的各种反应模式：遮掩、攻击、无所谓，以及最终的超越。细马则从一个弃儿，一个被侮辱与被损害者，一个陷溺于童年情结中的阴鸷少年，成长为一户人家的顶梁柱，一个终生处于捍卫状态的偏执者。

一个男孩子的领导力，到底是怎样形成的？怎么帮助一个自卑的少年，走过人生的激流险滩？那些攻击性强又倔强又固执的孩子，他们的身上到底发生过什么？带有女性气质的男生，怎么找到自己的生活道路？故事给我们的印象，是非常直观的，以至于我们经常会"啊哈"一声，找到某个孩子在童书中的原型。

毕竟，所有的故事都曾经发生过。

## 二

❤ ❤ ❤

《特别的女生萨哈拉》，完全可以当成教育学著作来读，它里面所体现的对于儿童的洞察，体现的教育智慧，每读一次，我都很惊叹。所以，在教师培训，尤其是班主任培训时，我经常把这本书作为必读书来推荐。

一个被老师贴了标签的"特别的女生"，叫萨哈拉。这样的女生，会出现在许多班级里。她沉溺在自己的世界里，文字的世界，沉溺在自己对爸爸的思念中，离婚后的爸爸。我们只看到了表面上的萨哈拉，那是寸草不生的沙漠，仿佛浇再多的水，也无济于事。但是，波迪小姐眼中的萨哈拉，只是一个需要帮助的孩子。并且，她很有天赋。就像沙漠的下面，是千姿百态的生命。

通过课程去滋养，通过故事去说理，通过写作去宣泄和疗治，萨哈拉终于有了梦想，或者说，终于敢于大声说出自己的梦想。被催眠的生命，被禁锢的生命，就这样一点一点地在没有压力的环境中，慢慢地绽放开来，直到迎来属于自己的庆典。沉寂的沙漠沸腾了，萨哈拉复活了！

作为教师的波迪小姐拥有什么？

爱、热情、智慧，以及等待与忍耐。在面对习惯以暴力作为手段的男生德里时，她的关于男孩、苹果、马、鸟儿以及教师的故事，令人印象深刻，堪称一个伟大的故事！甚至潜藏着某种基督精神，关于伤害与宽容，关于救赎。

而这一切，又是如此的不着痕迹！

相形之下，我们疲倦而暴怒，无力而受伤，这样的作品是一种疗治，一种希望。一代代孩子如此不同，一代代孩子又如此相同。故事中的智慧，会给我们无限的启发与力量。

毕竟，所有的故事，都是同一个故事。

## 三

❖ ❖ ❖

故事，让枯燥的理论活起来了。并且，让我们看到了理论总是灰色的，而生活之树常青。因为故事，我们理解了理论的片面性和复杂性，逐渐形成了一种更为多元的视角。

童书只是讲给孩子们的吗？

难道我们不是孩子？我们何曾真正地长大？

《小王子》中讲的爱情与死亡，与我们无关吗？关于驯养的段落，是否让我们孤独的心，有了片刻的感动？关于大象或蛇的画的隐喻，又能否让我们在世俗与童心之间，找到某种平衡点呢？我们是谁？热衷于别人向自己行礼的国王？只爱听赞美只接受崇拜的虚荣的人？整天忙于喝酒和内疚的酒鬼？忙着为星星计数的商人？在落日之后点亮路灯的点灯人？有学问却不肯实地探测的地理学家？售卖解渴药的商贩？

有没有那么一瞬间，我们觉得童书是一面镜子呢？在这面镜子前，我们不禁问自己：我，是什么时候，变得如此势利和无趣呢？我们在哪里丢失了自己，丢失了那个应该终生在心灵深处保护好的小男生或小女孩？

我在读《草房子》时，从桑桑身上认出了自己。童年扑面而来，不同的事情，相似的反应。同样，唐僧也是我们的一部分，孙悟空是，猪八戒是，沙和尚也是。自我就是这样，被大大小小不同的碎片组织起来。我们意识到，过去的我们，现在的我们，未来的我们，都在这些人物身上，都在这些细节里。

毕竟，所有的故事，都是我的故事。

# 四

教师应该把童书带给学生，这是我一直以来的观点。

有的老师说，我们哪有时间？太忙了，教材都上不完。言下之意，我们没有时间阅读童书。我说，童书不仅是儿童的需要，也是我们自己的需要。什么时候，语文老师阅读这样优秀的、简直不能错过的童书，也变成了一种负担？倘若如此，我们的心灵，得僵化到何等的程度？什么时候，我们理解中的语文，就只是字词过关，而不是和学生一起，在彼得潘的世界里徜徉？

没有文学的滋养，没有童书的润泽，不去接近童书与童真，我们就是在拒绝一份我们本该拥有的至真至善的礼物。

学生的一天、一周、一月、一年，都需要有一种节奏感。知识与生命，本就是一种节奏；教材与童书，本就是一种节奏；精确与浪漫，本就是一种节奏；纪律与自由，本就是一种节奏……仅仅为了方便管理，仅仅因为惧怕麻烦，就不把童书带给孩子，这是多么遗憾的事情啊。

当我们不愿意心怀热情滋养儿童的时候，我们自己的生命，也在这个过程中一天天地枯萎了。

# 电影的力量

十二岁那年，看露天电影。一个悲伤的故事。麦场上，人山人海。渐渐地，故事席卷了我，周围的人声渐渐隐去了，偌大的世界里仿佛只有我一个人。眼泪在黑夜中不停地流淌，似乎永远也流不完……

但是电影很快演完了，在一片呼儿唤女的狼藉中，麦场上渐渐空了，只有收拾银幕的工作人员的烟头，明明灭灭。我的心也仿佛被掏空了，失魂落魄地走在回家的路上。

然后，神奇的事发生了。我的心似乎一点点变得轻松起来，仿佛压抑了许久的东西，随着泪水被留在了麦场。而周围的一切，忽然从这夜里立体地浮现出来：我注意到了秋夜皎洁清冷的月亮，清新如斯，仿佛生平第一次看到。路边麦秸上的清霜，青草上泛着的细微的白光，蟋蟀们自在的鸣唱，被惊到的夜鸟展翅穿过树叶的声音，一下子全部清晰起来。

我的脚步变得轻快起来，甚至禁不住轻轻地吟起歌来。虽然我千百次地走过这条路，但这个夜晚，我仿佛第一次踏入。或者说，从一个世界，忽然地踏入了另一个世界。回到家里，轻轻推门进去，我已经不知不觉地愉快起来。我想，母亲一定不知道，三个小时前，她的儿子出门了，但是现在回来的，其实是另一个人，一个完整崭新的人。

这是一次刻骨铭心的体验。那时候还不知道"卡塔西斯"（净化）。

一

❦　❦　❦

显然，电影自此构成了我人生的重要组成部分。从露天电影，到室内的电影院，再穿过八十年代的录像厅，接下来是VCD和DVD，那是看盗版光碟的日子。最后，直到网上追电影。我想，看过的电影，总该数以千计吧。

许多电影都深刻地影响过我。

对我来说，政治学的启蒙，是从《飞越疯人院》《浪潮》《楚门的世界》《杀死一只知更鸟》，尤其是《十二怒汉》开始的。一桩普通的案件，一场逐渐走向成熟的对话，一次关于民主与责任的出色实践，整体地、丰富地又尖锐地刺激着我。电影也是极好的提问者，《拯救大兵瑞恩》中，冒着牺牲一组士兵去救一个人是否值得？这一个小小的问题，有时候需要穿越整部伦理史去回答。更多的时候，是没有答案的，就像《死亡诗社》，它只是把问题提供给你，这个问题如何回答，曾在我的朋友们中间引发了巨大的争论。

从事教育以后，无论是做老师还是做研究者，电影都是我理解孩子、理解人性、理解世界以及理解自我的重要来源。《自闭历程》《心灵捕手》《蒙娜丽莎的微笑》《地球上的星星》《叫我第一名》《海上钢琴师》《早熟》《回归》《十七岁的单车》《国王的演讲》……有时候，甚至一部电影，就仿佛一部教育学，这毫不夸张！像《放牛班的春天》《生命因你而动听》就当之无愧。我从中所受到的教益，比从大多数厚厚的教育专著中获得的要多得多。

我在电影里欢笑、哭泣或沉默。

我喜欢岩井俊二的《情书》与《花与艾丽斯》，也震颤于他的《燕尾蝶》和《关于莉莉周的一切》。我喜欢《大鱼》中丰富绚烂的想象力，也沉醉于《美丽人生》中的人性温暖，偶尔，还会在《天堂电影院》里念会儿旧。

更重要的是，电影是有力量的，这力量，可能比想象中都更加深远。

这不仅仅是指类似《辛德勒的名单》这样的电影所发挥的道德力量，或者《勇敢的心》之类的电影所激发的勇气，更是指它对你的整体生命的摧枯拉朽般的冲击。例如作为隐喻的《魔戒》三部曲，显现人的自由、尊严与勇敢的《肖申克的救赎》，我都看过数遍，尤其是在人生艰难的时候。另一种不同于西方式的勇气，则来自东方电影。例如《七武士》《黄昏的清兵卫》，显示了另一种东方式的清洁与坚忍。《甘地传》对我也影响很深，我甚至在一定程度上，成了一个甘地主义者。

电影还是一面"存在之镜"。《盗梦空间》，尤其是《黑客帝国》对现实世界的意味深长的隐喻常常令我震惊，后者，似乎就是一本深厚的哲学作品。而很长时间，我对《大话西游》爱不释手。或许，人到中年才真正地看懂了它，像狗一样承担起了自己的命运。

那些认为"电影是假的"的人，是不懂电影，尤其不懂好电影的。重构现实对人类来说，是本质性的存在方式，套用一句名言"小说比历史更真实"，似乎也可以说，在一定程度上，"电影比生活更真实"，它让被日常琐碎遮蔽的本质世界显露出来，从而引起了我们灵魂深处的震撼。

## 二

❤ ❤ ❤

我女儿读中学时，曾有过一段艰难的时光。

那时候，我陪她的方式之一就是看电影，《魔戒》三部曲长达十多个小时，也默默地看完了，我相信电影的力量。

今天是一个网络时代，世界变化太快了，麦场上看露天电影的时代一去不复返了。现在的孩子，也不会再在秋夜去走那长长的路，去看皎洁的月亮，以及听蟋蟀充满存在主义气息的鸣唱。"这是一个最好的时代，也是一个最坏的时代"，好在它确实提供了海量的资源，让人类更具有可能性，坏在它不是秩序化的，而是像海啸一样铺天盖地而来，许多孩子的灵魂被撕得粉碎。再加上应试教育的盛行，一个朝向自由与尊严的孩子似乎不见了，我们看到的，是一种奇异的碎片化生存，灵魂缺乏足够的磁铁将之整合起来。

电影业空前发达，亿元票房稀松平常，动辄突破十亿。孩子们似乎越来越不关心故事，那是编织灵魂的经纬线。大家关心的，是演员的"颜值"，是3D的视觉效果，是一切能够刺激感官的东西。当《速度与激情》火到了第七部，谁还有耐心重温《天堂电影院》？

在这个影视时代，电影应该被引进家庭教育，甚至学校教育之中，成为重要的课程资源。如果我们不能把那些美好的经典筛选出来，让它们成为孩子们的精神营养，在孩子们的生命中持久地发挥力量，那么，他们很容易简单地被票房电影所吸引，在"速度"与"激情"的撕扯下不断地成为碎片。

功利主义与感官主义不能成为教育的全部，家长和老师们，经常地，陪孩子看部精心挑选的电影吧！沿着这些影像走过去，以此为路标再进入更多的影像，生命就是在这个过程中逐渐变得深邃和丰盈起来的。

这是一种积极而主动的相互书写，或许，孩子的一生，将因这些电影的润泽而变得有些不同，或很大的不同。

那么，教师呢？

最近若干年，如果把一部电影看成一本书的话，那么，我看电影的数量，远远大于读书的数量。为什么？因为在我看来，看电影是一种阅读，只是运用不同的语言。尤其在这样的一个时代里，书籍已经变得非常沉重，看电影就成了一种很好的补充——不只是放松的方式、娱乐的方式，也是思考的方式。而且，电影也构成了我们与学生的共同语言，是很好的教学素材之一。

# 语文老师怎么阅读教材？

读教材的能力，重要性怎么强调都不过分，但是，语文老师怎么读教材，却是一个非常重要却通常被忽略的问题。

## 一
❣ ❣ ❣

那么，先提一个奇怪又不奇怪的问题：到底什么是教材呢？

教材经常又被称为"课本"。顾名思义，即落实课程标准的书本或书籍。准确地说，是"依据课程标准编制的、系统反映学科内容的教学用书"，是课程标准的具体化。教材的含义实际上要广泛得多，例如教师用书，俗称教参，因其权威性和针对性，也经常被视为教材的一部分，甚至包括了权威的配套读物和练习册，以及音像制品等。

对语文教材来讲，每一分册的教材通常由序言、目录、若干单元以及附录部分组成，核心是单元。单元是语文教材的基本组成单位，除了一些功能单元（例如策略单元、主题单元、文化单元等），大多数单元都由提示页（含人文主题与语文要素提示）、课文（通常是四篇）、课后习题、写作、口语交际、语文园地等组成，有时候还有一些配套的内容，例如资料库、快乐读书吧等内容。

一句话，语文教学，必须指向核心素养。核心素养，你可以通俗地称之为听说读写的能力，也可以概括为"语言建构与运用""思维发展与提升""审美鉴赏与创造""文化传承与理解"四个方面。

核心素养被具体化为全面、具体、有层次的课程标准，这是语文教学的尺度。课程标准，又通过教材来具体落实。课程标准只有一个，是不断修订中的国家课程法律，是必须严格遵守和落实的。在理论上讲，"教材无非是例子"，可以对教材进行灵活的处理，包括选择不同的教材（人教版或苏教版或其他版本）、对教材内容进行删减、补充或重组等。但实际上，统编本教材一统江湖后，这种选择的空间就大大地减少了。无论如何变化，都必须以统编本教材为根本。

因此，在读教材之前，必须搞明白几个问题：

1. 语文学科的核心素养究竟是指什么？

2. 核心素养在对应年段的课程标准是什么？

3. 这些课程标准中的要求，是如何落实在具体的每一单元的？

这三个问题，是读教材，乃至于语文教学的出发点，也是归宿。我们对教材的理解，我们对教学的理解，就是从这个起点出发，螺旋式不断返回并逐步加深的过程。对这三个问题有了基本的理解后，就可以"读教材"了。

## 二

▼ ▼ ▼

弄清楚了前面三个问题，读教材就有了背景。

真正地打开一册书，阅读教材的最小单位，就是单元。因为单元是一个不可再分割的整体，每一部分，都具有着自己独特的功能。单元与单元之间大体类似，但也可能有着细小的或很大的差别。

单元导语页，揭示这一单元的教学目标。左上方，往往是人文主题，右下方，往往是语文要素，包括了阅读要素和写作要素（口语交际要素不在此处）。单元导语页也暗示了单元的一种架构方式，即多数情况下，是我们通常所谓的"双线组元"。这是一个新词，背后却是语文江湖多年血雨腥风激烈争斗的结果，即人文性与工具性之争的产物。这个争斗今天还没有结束，今天怎么跳出"新工具论"的陷阱，还是一个不小的问题呢。

四篇课文，是双线组元的主战场，通常（但不总是）分为精读与略读。精读用于学习语文要素，略读用于运用和训练。每一篇课文后，通常有三道左右的题目，指向与语文要素高度相关的训练点。有的题目是铺垫性的，有的题目是延伸性的，主要的题目往往指向这一篇课文中的大问题或核心训练点。如果还有其他部分，都是补充和支撑性的内容。

写作教学往往与阅读教学高度关联（但并不总是如此），至少在这方面，读写既是分开的，也是紧密结合在一起的。阅读成为写作的例子，写作对阅读成果进行了训练巩固。

口语交际在多数情况下是相对独立的训练体系。

而语文园地，则是对一个单元语文教学的一个整体的总结。涉及基础知识、语文要素的总结概括、阅读积累以及延伸阅读等。

阅读单元这部分，难在对教学内容的把握与理解。这往往需要一些对语文要素的真正的研究，并且在 12 册教材的整体逻辑中去把握。新手最大的问题，就是容易望文生义，而忽略了知识内在的复杂性。结果，语文要素的教学过程，变成了一个简单的背诵记忆过程，而没有把知识化为趁手的工具。

讲到这里，都是为了做必要的澄清。之后，才是这篇文章的重点：怎么阅读课文？

# 三

怎么阅读一篇课文？怎么读懂一篇课文？这才是语文老师的核心功夫。

先要区分两个概念：文本解读与教材解读。文本解读，是抛开课程和学生来独立地欣赏和解读一篇文本。这时候，文本本身就是对象，是目的。文本解读是教材解读的前提。在教材解读中，文本是工具，是手段，是为了特定目的而选择的，目的是实现某个功能。首先是文本解读，其次是教材解读。文本解读是要弄明白"是什么"，教材解读是要弄明白"用来做什么"。比如说刀作为一种工具，可以加以独立地研究和欣赏，这是聚焦于刀本身，也可以从功能的角度来研究，比如医疗器械公司会着重研究怎么把刀变成医疗工具。刀的其他功能，他们并不关心。而屠宰场，绝对不会关心医疗器械公司关注的某些参数。在不同的场域，刀是以某种功能（现世情态）存在的。

所以，不能用文本解读来取代教材解读，也不能不顾文本本身的特征来进行教材解读。教学内容的确定，是备课中最重要的任务，也就是对教材中课文的功能的确定。

例外当然也是有的。相当一部分经典作品，如果只当成典型来处理，发挥其功能，就太可惜了。所以，经典本身就构成了教学内容，这是少数的情况。

再区分两个概念：主题思想与语言形式。主题思想，往往与人文主题高度相关；语言形式，往往与写作方式相关。把重点放在主题思想的解读上，就容易把语文课上成其他课，例如思想品德课、建筑课、生物课等；把重点放在语言形式的解读上，又容易走向形式训练，走向工具论或新工具论。所以，处理这二者的方法，最常见的是"大问题＋大概念"，问题是与主题思想高度相关的，但是要解决问题，却离不开语文要素（即语言形式）的运用。

因此，对大问题的概括，对大概念的把握，就成了教学设计的关键。

# 四

● ● ●

搞清楚了上述概念，就可以开始读课文了。

主要的阅读方式是素读。对课文的素读，是非常重要的。所谓的素读，就是不借助任何资料或解读的阅读，一个干干净净的人，面对一个干干净净的文本。

素读有两个非常重要的功能：

1. 寻找对课文的第一感觉，让直觉引领着你走完全程；

2. 体验学生在阅读课文时的思维过程，揣摩他们可能遇到的困难。

素读可能是一遍，可能是许多遍。在素读中，要解决的问题依次是——

1. 读通课文，画出有难度的字词；

2. 疏通大意，画出不太理解或容易产生歧义的词语或句子，你需要思考一下才能回答或者甚至不能回答的部分，往往是学生的疑难所在；

3. 判断课文的文体（这个是关键，以后再讲）；

4. 依据文体理解课文的中心、结构与层次；

5. 对文章的修辞保持敏感，包括积极修辞与消极修辞；

6. 如果是记叙文，理解记叙、描写、抒情、议论各自的功能；

7. 试着向文本提问，努力找出大问题。

这些是长期训练出来的，直至训练成自动化。例如，学生可能不会的字词，会自动跳进你的眼帘。

文体意识是关键，因为对文体的判断，决定了核心知识与问题的走向。例如，如果文体是寓言，就意味着故事写得生动与否根本不重要，重要的是寓意，以及寓意在当下可能产生的意义；如果是故事或者童话，就意味着品味语言不是最重要的，最重要的是理解人物与结构。文体判断不像大家以为的那样容易，举个例子，《卖火柴的小女孩》是什么文体？我们以为是童话，这是误解，它当然可以叫童话，也被归在童话中，但是，在真正进行严格的文体鉴别时，它会被归为"社会问题小说"，而社会问题小说的思考路径是：

1. 造成这种悲剧的原因是什么？

2. 这种悲剧今天是否还存在或将来是否会再度出现？如何应对或避免？

这就是社会问题小说的思考框架。如果当成童话，就要进入童话的思考框架，引入类似"自居"等概念。

有了这种敏感，就有了素读时对文本丰富的感知。然后，根据课后习题，根据单元要求，依据语文要素，就可以对丰富的感觉进行筛选和编码，从而生成学习单和教学内容，并据此进行初步的教学设计。

在教学设计的过程中，再开展另一个过程：研究与审辨。这是一个运用丰富的资料不断寻找最佳设计路径的过程，不是本文的重点。

# 五
❤ ❤ ❤

教师素读文本的过程，也可以加以提炼，变成对学生预习能力的培养素材。

但教师对教材的阅读以及补充研究，显然不能止步于此。教师还要朝向关于核心问题的思考，以及对文本进行批判性阅读。这些思考和批判性阅读的成果，也可以转化为教学资源，从而让教学拥有一定的深度，甚至逸出语文要素本身，直接服务于高阶的读写能力尤其是思维能力。

比如，在读《狼牙山五壮士》时，会怎么读？素读时，不用考虑语文要素，而要追寻自己对文本的真实感觉。在这里，提问能力，或者说产生疑问的能力是非常重要的。因为我们真实的疑问，往往也是学生真实的疑问。而真实的疑问，才能产生真实的思考，让课堂产生活力。

我是怎么读的？先忽略字词和基本疏通部分。因为这一单元的语文要素，是讲点面结合，我会将点的描写与面的描写作一个初步的区分，并用笔画下来。我首先要声明，记叙和描写在小学经常被错误地理解，有些句子被当成是记叙，有些句子被当成是描写。实际上，记叙和描写，是语言的两种功能，无法脱离上下文语境以及语义表达重点来讨论，这不是今天的重点，暂且按下不说。

然后我会问自己一组问题：

1.《狼牙山五壮士》写的是真实的事件，还是虚构的事件？

因为根据课文，五壮士跳下了悬崖，那么，这件事是谁记录的？然后我进行了补充查证，很快清楚了，五壮士中有两位活下来了，所以，这件事是真的，问题解决了。

2.《狼牙山五壮士》中的描写，不可能都是真的，那么，哪些是真的，哪些是假的？

为什么不可能都是真的？因为在激烈的战斗中，并没有一个超然物外的观察员来观察每一位战士的表情和动作。这些所谓生动的部分，一定是作者的合理想象，但不是生活真实。当然，合理想象是允许的，并不因此否定事件本身的真实。或者说，通过合理想象与重构，作者追求的是艺术的真实，精神的真实。

然后我就推导出了一个结论：凡是记叙（面的部分或者说概括性描写部分），基本是真的；凡是描写（点的部分或者说详细描写部分），基本是假的。大家想一想，是不是这么个道理？

这个推论很重要，因为既区分了点面结合中的"点"与"面"，又会让点面结合的理解变得深入。

3.《狼牙山五壮士》是一篇经典文本吗？怎么判断它的经典程度？

这是一种批判性的鉴赏。真实的狼牙山五壮士，无疑是伟大的、壮烈的、可歌可泣的，但是，《狼牙山五壮士》则是一个普通的文本，或者说习作范例，而无法成为经典。为什么？

可以从人物塑造和语言形式两个方面来分析，为了节约篇幅，只分析人物塑造。

塑造英雄人物，有许多伟大的作品，从希腊悲剧到中国神话，一直到现在的一些影视作品，例如《拯救大兵瑞恩》等。在塑造英雄类型的作品中，有一些普遍的创作规律，是经典成为经典的前提。例如，英雄是其所反映的时代精神以及超越时代的精神的结合。还有一点是非常重要的，凡经典作品塑造英雄，英雄必然有严重的缺点，至少是有缺点的，我们可以称之为"阿喀琉斯之踵"。

为什么英雄必须有缺点呢？

因为缺点让英雄变得血肉丰满。同时，缺点是读者或观众与英雄建立联结或形成共鸣的桥梁。换句话说，缺点让英雄变得可亲，让我们觉得他仿佛就在身边或是我们自己，而英雄的壮举则让英雄变得可敬。如果没有缺点这个桥梁，那么，英雄就容易脸谱化，从而降低感染力。这是一条创作规律。

可惜，在特定年代，我们的英雄作品追求了高大全，因此，没有传世的作品保留下来。那么，如果我们重新创作《狼牙山五壮士》，可以改写哪些细节？怎么改写？

　　这当然已经逸出教材了，但是，谁说这种思考是多余的呢？毕竟，作为语文老师，学生能走多远，取决于我们能走多远。

# 鲁迅说
## 要少读或不读中国书，
## 今天这句话过时了吗？

1925 年 2 月 21 日，鲁迅答《京报副刊》关于"青年必读书"的提问，只有短短两句话：

从没有留心过，

所以现在说不出。

但是，在附注中，又写了一段话：

但我要珍这机会，略说自己的经验，以供若干读者的参考——

我看中国书时，总觉得就沉静下去，与实人生离开；读外国书——但除了印度——时，往往就与人生接触，想做点事。

中国书虽有劝人入世的话，也多是僵尸的乐观；外国书即使是颓唐和厌世的，但却是活人的颓唐和厌世。

我以为要少——或者竟不——看中国书，多看外国书。

少看中国书，其结果不过不能作文而已。

但现在的青年最要紧的是"行"，不是"言"。只要是活人，不能作文算什么大不了的事。

## 一

❖ ❖ ❖

鲁迅这话很有意思，很鲁迅。鲁迅深受尼采等人的影响，把当时的中国比喻为一间铁屋子，更希望青年拥有活力，拥有尼采所谓的强烈的生存意志，而不是在古书中殉葬。换句话说，在那个时代里，救亡图存是主要任务，整理国故，对青年来说，可以缓一缓，甚至不整理也没有关系。

但鲁迅并不是在否定传统文化，只是在当时的情势里区分轻重缓急，更强调现世关怀。就像我们劝一个胖子少吃一点，旁边骨瘦如柴的乞丐，就不必为自己的吃相而内疚。而且鲁迅本人，对四书五经之类，也是非常熟悉的。正因为熟悉，说出来的话，才分外真切。

当今时代呢？

鲁迅的话过时了吗？

答案是，并没有。经济上的飞速增长，并没有必然地带来文化上的璀璨。或者说，文化上的璀璨，文艺复兴般的奇迹，还没有出现。不只如此，真正有价值，值得一读再读的作家，一只手也数得过来。在我看来，也就是鲁迅、张爱玲、王小波，数人而已，顶多再加上钱钟书、沈丛文等人的几部作品，这是讲文学。

至于学术，更是一塌糊涂。理科我不懂，或许很牛吧。反正人文社科，是有些惨不忍睹的。甚至于王阳明之后这么久，中国也没有出现过能与罗素、怀特海等人比肩的哲学家，更不用说康德和海德格尔了。

然而，当代中国却有一种可怕的风气，就是反对读外国的书。

## 二
♦ ♦ ♦

比如，给我们中国的儿童推荐儿童文学，怎么推荐？

我们会在一二年级和学前，大量地推荐绘本、桥梁书，介绍儿歌童谣和儿童诗；三四年级，仍然是大量的儿童文学，例如国际大奖小说系列，诗歌逐渐增加了古典诗歌的分量，包括长达一年的"在农历的天空下"古诗词课程；到了高年段，既有西方的童书经典，例如《小王子》之类，也有中国的《西游记》《三国演义》《水浒传》。

然后就有人开始质疑了：为什么给我们中国孩子看的书，大半是国外的？

首先要明白一个真相，这样质疑的人，通常是不读书的。其中有一部分人，并不知道自己是不读书的。因为他们读了一鳞半爪，就已经觉得自己学富五车了，殊不知自己是蚊子的肚子，蛤蟆的嘴。

他们并不理解，中国几乎是没有儿童文学的，中国文化的传统是并不把儿童当"人"看的，儿童只是半人，是教训的对象。从《弟子规》开始，我们就不顾儿童的身心特征，将成人世界的许多规则灌输给了儿童。一个古代中国人，是断然想象不出《猜猜我有多爱你》这样的故事的，做梦都不会。他们满脑子都是《狼来了》之类的道德教谕。五四运动开启了儿童文学，但中国最早一批儿童文学作家，当然是兼职的，所写的也大抵是教训类的寓言，而不是真正的儿童文学。

《小兵张嘎》《小英雄雨来》当然也很好，是特定时期的产物。但时代变了，对儿童来讲，就无法成为经典主餐。因为儿童本不应该去打仗，不应当生活在一个充满仇恨的世界里，特定年代救亡图存，这是没有办法，可敬可泣，但到了现在，作为营养，还是要传播真善美，温暖的童话，与儿童最为相宜。

更为重要的理由，是我们的作家主要不是为儿童去创作，像贾尼·罗大里这样的为儿童写作的人，在中国是很少的。中国的儿童诗创作水平，毕竟还处在一个较低的层次，还没有摆脱禁锢真正地去天马行空。中国一些好的作品，也要等到孩子长到一定年龄才能看，例如四大名著。

如果能够抛弃中外之争，反过来问到底什么是最适合儿童的好的作品，那么问题就迎刃而解了。我们的焦点应该在于作品，而不在于哪个国家的作品。

## 三

▼ ▼ ▼

教育领域也是如此。

我从事教育研究，从事教师专业发展研究，也多次制作或参与制作书目，对教育类图书应该是比较熟悉了。倘若不是工作需要，完全是为自己或自己的专业而读的话，我的观点是非常明确的：尽量多读外国高品质的书。

这不是"中外之争"。就像我要买水果，烟台的苹果砀山的梨，新疆的葡萄南丰的桔，我是在搞地域歧视吗？

比如你要研究教育管理，你在中国的土壤中，往往只看到了权谋，而看不到现代管理思维，你读什么？读谁的？学校管理，只好借鉴西方的现代企业管理，例如《麦肯锡方法：用简单的方法做复杂的事》之类；学生管理，那还得研究马斯洛的需要层次理论，看柯尔伯格道德发展研究，渐渐就有了眉目。课程研究，你不读泰勒、多尔的，你读谁的？就连做个教研，往往也是受佐藤学之类的启发。这么多年来的努力，不要说出现维果茨基这样的教育家和心理学家，连苏霍姆林斯基这样的，最近一百年来，有过吗？陶行知固然德高望重，跟人家还是很有差距的，更不用讲跟杜威等的差距了。

在教师专业发展的过程中，我一直在劝告，多读一些外国的好书，耐心地读一些相关领域的经典书籍，从核心概念入手，真正深刻地理解一个学科、一个领域，是专业发展过程中最为迫切的事。

# 四

♦　♦　♦

当鲁迅说少读或不读中国书的时候，鲁迅是想要做一个香蕉人吗？是看不起这片土地的卖国贼吗？

六神磊磊带一批人读欧美名著，有人留言说："读欧美名著还读出优越感来了，我就有一个小小的疑问——中华古典名著各位吃透了吗？"

　　六神磊磊写了一篇文章回应，极尽调侃。然而正如我所说的，这样的键盘侠是不读书的，他认为你应该吃透古典名著，他自己是决计没有耐心和时间阅读的。所有的一切，只是出自一种合群的自大，在虚幻的群体的强大中，将渺小且粗俗不堪的个人融进去，以获得一种虚幻的强大感。

## 双减背景下，为什么必须读《教育的目的》？

作为国家层面的政策，双减是势在必行的。因为没有了课外班，又限制了家庭作业，学校的负担骤然加重。再搭配上延时托管，学生实际上在校时间又加长了。一天下来，师生都疲惫不堪。

作为校长，作为老师，都容易焦虑：怎么减轻师生的负担又不降低甚至增强效率？怎么让学生在这种情况下乐学，教师在这种情况下乐教？

显然，要解决以上问题，不能在数量，无论是学习数量、作业数量还是时间长度上增增减减，而应该对学校的学习以及学习安排进行深刻的调整。在这种背景下，重温教育家、数学家、哲学家怀特海的《教育的目的》，是非常有必要的。

## 少而透：基于大概念的深度学习

❤ ❤ ❤

在我们的教育体制中，如果要避免思想上的僵化，就要特别注意两条戒律：（一）不要同时教授太多科目；（二）如果要教，就一定要教得透彻。

——怀特海《教育的目的》

学生的学业负担重，根本的原因是什么？

不是学得太多、太深，而是学得太杂、太浅，并且脱离了学生的生命与生活，这是我们应该从《教育的目的》中，尤其是第一章中，汲取到的宝贵的经验。

怀特海提出的课程与教学的第一条原则，我们可以概括为少而透的原则。

什么是少而透的原则呢？在电视剧《亮剑》中，在敌众我寡的情况下，李云龙多次取胜，就是运用了类似的原则。传统的学习，就像许多平庸的将领，在漫长的阵地线上，密密麻麻地部署了许多兵力，结果无法突破敌人的防线。因为从每一个与敌人的接触点上来讲，火力的强度和数量都不够，都达不到突破障碍的水平。但是，李云龙的打法，是将有限的兵力和武器集中起来，面对敌人的指挥部，面对敌人的心脏，不计成本地发起猛烈的攻击，撕开一道口子。一旦指挥部被端掉了，对方的将领被干掉了，再收复其他地方，就势如破竹。

这种打法，就是少而透。

用我们今天的课程与教学术语来讲，就是以单元为整体，以大概念或核心概念为突破口，集中师生的注意力资源予以突破。然后，有了概念作为武器，就可以势如破竹地解决其他问题了。而传统的打法，是低水平高重复的大量练习，学生习得了许多所谓的套路，但是，并不理解背后的大概念或原理，一旦题目加深或出现变化，往往难以应对。少而透的学法，并不是整体的学习总量减少了，而是学习的结构发生了重大的调整。将原来大数量的浅层学习，变成了小数量的深度学习。深度学习，虽然所学知识的数量貌似减少了，但实际上知识的复杂程度大大增加了。

我们也可以把这种学习叫作基于核心素养的学习，或者基于大概念的学习。是不是很熟悉？对，这是我们目前正在提倡的，甚至还处于盲人摸象的初级阶段，而这种课程思想，怀特海在《教育的目的》里早已经阐述得相当清楚了。惊不惊喜？

意不意外？

　　而我们距离怀特海的洞见，还有漫长的路要走。

　　例如，"不要教授太多科目"，究竟是什么意思？那么，在不同的学段，基础的或核心的科目到底有哪些？它们与浩瀚无边的知识世界，是以怎样的知识连接起来的？这些涉及整体课程设计的问题，还没有进入大多数学校乃至于专家的视野。

## 学在当下，活在当下：从知识中心束缚下解放师生
▼　▼　▼

　　人的大脑从来不是消极被动的；它处于一种永恒的活动中，精细而敏锐，接受外界的刺激，对刺激作出反应。你不能延迟大脑的生命，像工具一样先把它磨好然后再使用它。不管学生对你的主题有什么兴趣，必须此刻就唤起它；不管你要加强学生什么样的能力，必须即刻就进行；不管你的教学给予精神生活什么潜在价值，你必须现在就展现它。这是教育的金科玉律，也是一条很难遵守的规律。

　　　　　　　　　　　　　——怀特海《教育的目的》

　　《荷马史诗》、莎士比亚的戏剧，与今天的许多作品相比，哪一个离我们更近？

这似乎是一个荒谬的问题，然而实际情况是，这些古老的经典，比起当代的大部分作品，离我们都要近得多。不是吗？今天流行小说中那些绝色美女与霸道总裁，离我的生命和生活很远，但是莎士比亚笔下那些鲜活的人物，却似乎活在我们身边，离我们更近。甚至以我自己而言，觉得自己的身上，也具有某种哈姆雷特的特性。

经典之所以成为经典，就是因为它们在每一个时代都是鲜活的，或者说活在每一个当下。而许多墨迹未干的小说，却离人们很远。同样地，在怀特海看来，我们学的每一条知识，都应该是当下有用的。我们学习历史的时候，数学和地理，都应该成为有用的工具。

学生学业负担重的另一个原因，就是所学的东西没有化为生命的能量，变成前进的力量，而变成了必须背负的负担。就像一个饥肠辘辘的人，背了一袋粮食在路上行走，或者一个快要渴死的人，背一桶清水在沙漠中行走。这些粮食或清水，一旦没有转化为当下生命的能量，就是负担，转化了，就是能力。

举个例子，我们今天学习历史，往往学到的是许多事实，或者马后炮式的对因果关系的机械理解，而无法从历史中汲取智慧，变成预测未来的力量。这是因为我们往往把历史视为"过去的事情"，而没有意识到历史本身的当代意义，没有看到历史与当下世界千丝万缕的联系。如此，从历史中汲取经验便不可能。

政治学也是如此。我们教学生一堆概念，这些概念却没有运用于理解和建构自身的政治生活，甚至都没有办法用来理解自己的家庭或自己的班级。同样地，学生在背诵诗歌、翻译诗歌，却没有在感受诗歌、理解诗歌，没有用诗歌润泽生命，反而把诗歌当成是学业负担。

在当今时代，在知识中心主义的背景下，知识与人之间的关系被割裂了，这种割裂带来了知识与人的双重异化，从而让学生感受到了知识的无意义感，甚至是生命的无意义感。一旦觉得知识是无意义的，哪怕一丁点知识，都是沉重的学业负担。因为，知识已经被当成敲门砖，当成了手段，而没有当成目的，当成创造本身。

用怀特海的话来说：

理想的逐渐消失可悲地证明了人类的努力遭受了挫折。在古代的学园中，哲学家们渴望传授智慧，而在今天的大学里，我们卑微的目的却是教授各种科目。从古人向往追求神圣的智慧，降低到现代人获得各个科目的书本知识，这标志着在漫长的时间里教育的失败。

今天的许多学生，不喜欢学习，也不热爱知识，根源便在于此。

# 浪漫—精确—综合：课程与教学的节奏

▼　▼　▼

并没有一个惟一的由自由—纪律—自由构成的三重循环，而是整个智力发展是由多个这样的三重循环阶段交替构成。每个这样的循环是一个单独的细胞，或者可看作是一块砖；智力发展的整个过程是由众多这种细胞构成的有机体组织。在分析任何一个这样的细胞时，我称第一个自由阶段为"浪漫阶段"，称中间的纪律阶段为"精确阶段"，称最后的自由阶段为"综合运用阶段"。

——怀特海《教育的目的》

我觉得，第二、三章，尤其是第二章，是全书最精华的部分。

双减以后，老师和学生在学校里都很累，怎么破解？如果我们请出怀老师，他一定会叼着硕大的烟斗，言简意赅地说："要找到课程与教学的节奏。"

你一定瞬间明白了：啊，怀老师的意思是课程安排要劳逸结合，符合文武之道，一张一弛。比如，一天到晚的课程安排，要在语数外和音体美之间进行穿插，不能密集地上文化课或艺体课，这样，文化课用大脑，艺体课用身体，荤素搭配，学习不累，是不是？求怀老师表扬。

这样想确实聪明，也能在一定程度上减轻双减的压力，但是，怀特海讲的节奏，不是外部节奏，而是课程与教学的内在节奏。

什么是"课程的节奏"？

请打开课表，看一看，像不像工厂的排班？40分钟一班，一天上个七八班。是不是说，每一个知识点的学习，恰好需要40分钟？我们清楚，现代课程制度是依据泰勒原理，以追求效率为目标的。但是，这不是依据学习的内在规律来编排的。如果依据学习的内在规律，那么，儿童先学什么，后学什么，就有一定的讲究。

举个例子，小学阶段，课程的重点就是语文或者说语言学习。为什么？因为早期是语言敏感期，而学生要学习数理化文史哲，先需要有语言作为基础，同时也需要思维发展到一定的层次作为支撑。所以，知识类学习就不宜太早。这样的话，在小学阶段，语文学科理应占据半壁江山，而不能变成N种学习中的一种。不仅如此，语文学习在一开始，就要强调整体性与丰富性。整体性，是说要整体地感受，整体地学习，而不宜仔细分解；丰富性，是说要大量地接触文字材料，尽可能增加阅读量，而不宜反复学习教材。这一时期的学习，怀特海称之为浪漫期。浪漫期足够丰富，到了精确期，才可以进行精确的语法和修辞训练。而不同课程，浪漫期的起点和长度不同，精确期出现的时间也不同。不同的课程，就像不同的种子，生长周期各不相同。教师就像园丁，需要在花园里把这些花搭配着种在一起，这就是课程设计。

若不按规则来，就会导致少、慢、差、费。比如小学低年级应去感受和阅读，却让儿童大量地做题训练，这就是不合适的。

怀特海详细地阐释了各个学科从学前一直到大学的节奏，真是精粹啊，这也是南明教育全人之美课程的核心参照理论之一。

什么是"教学的节奏"？

前面讲课程设置，这里讲教学过程。这个过程，也可以用浪漫—精确—综合来形容。我们怎么把课讲死的？怀特海说：

在任何阶段的教育中，你都不能没有纪律，或没有自由；但是在浪漫阶段，必须永远侧重于自由，让儿童独自去领会，独自去行动。我的观点是，对正在成长的儿童来说，浪漫阶段的自然发展尚未结束时就对精确性进行训导，必然会妨碍他对概念的吸收。除了浪漫以外，没有领悟。我坚持认为，以往的教育之所以如此的失败，就是因为没有对浪漫应有的地位进行认真的研究。没有浪漫的冒险，至多你只能得到缺乏创新的死板的知识，而最坏的情况则是你轻视概念——根本无知识可言。

所谓的浪漫，本质上就是兴奋。教学的起点，是让学生的大脑兴奋起来。你可以称之为兴趣，也可以称之为认知冲突。在这里，大问题设计的重要性就显示出来了。通过大问题的设计引发学生的认知冲动，进而通过解决问题，帮助学生建构概念，再尝试着加以运用，这就是浪漫—精确—综合的循环，或者说是"精彩观念的诞生"。

可以说，所有这些都是精彩的洞见，而怀特海的洞见远远不止这些。薄薄一本小册子里，处处闪耀着智慧的火花，值得我们花时间去研读、领会。

这就是经典的力量。

# 后记

这是一本小书。

这里的文章，是先发在公众号"知教师"上的，觉得有些意思，结集出版。虽然由一篇篇文章构成，但是主题非常集中，差不多穷尽了教师阅读的方方面面。

作为一个读书人，在漫长的职业生涯中，我个人的阅读经历过数次变迁；作为一名教师培训领域的研究者，我又目睹了教师中的各类阅读形态。并且，我也主持研发过《中国中小学教师基础阅读书目·导赏手册》（我更喜欢原稿而不是公开发布的部分，关注公众号"知教师"，回复"基础阅读书目"即可获得）。我很希望，这些梳理，能让有些读书经历的教师有所反思或对话，能让刚踏入职场的年轻教师少踩一些坑。

感谢我所身处的南明教育团队，尤其感谢全人之美课程的总设计者干国祥老师，他既是我的同事，更是我的老师。虽年龄相近，但一路走来，在阅读路上受他的教益最深，几乎是刻写性质的。我相信，终有一天，更多的人会有机缘窥见他的才华。

感谢"老魏的咖啡馆"（我在cctalk平台上的网络课程）的朋友们，没有你们家人般的信任和热情的鼓励，我是不会写下这个系列的。

同时，感谢华东师范大学出版社大夏书系团队。这是继《语文课》《高手教师》之后，我在大夏书系出版的第三本书。他们是我沉寂十年之后重新开始写作时，遇到的很负责任的出版团队。